現代
世界経済と
日本

岩田勝雄
KATSUO IWATA
著

桜井書店

まえがき

　20世紀の世界経済は激動の連続であった。20世紀は，2度の世界戦争と絶え間ない地域間・局地戦争，発展途上国の植民地支配・再編と独立，アメリカ覇権システムの確立，1929年恐慌と1974-75年恐慌の勃発，巨大企業の誕生，経済統合の進展，「社会主義」社会の成立と崩壊，人口の爆発的増大，労働運動の発展と停滞，環境汚染・地球温暖化などの諸現象が生じた。20世紀はこれまで資本主義が経験したことのない多大な経済変動があった。

　経済学の歴史は，ジェームス・スチュアート，アダム・スミスの古典派経済学を祖とするならばたかだか250年にも満たない。経済学は資本主義の生産力拡大とともに理論・政策が発展し，さらに体系的に提示されるようになった。しかし経済学は理論・政策が精緻化されるとともに，他方で現実に適用されない記号化あるいは空想化した理論が横行するようにもなった。経済学はいうまでもなく「人間の幸福」を求める社会科学である。「人間の幸福」とは，戦争・恐慌がなく，貧困や失業がなく，さらに病気・老後などの不安がなく，犯罪もない安定した社会を基盤として成り立つのである。こうした社会は政治の安定だけでなく，安心・安全な生活を営むことができ，一定の経済発展を前提とした社会である。資本主義社会は大量生産，大量消費にもとづく経済発展こそ「人々の幸福への道」として歩んできた。それが科学技術の発展，情報・通信手段の発展，交通・運輸の拡大などをもたらした。したがって経済発展は，大量生産，大量消費，大量廃棄を求める経済社会を形成してきたのであった。20世紀の歴史は，経済発展の結果，資本主義の優位性を確立したが，同時に戦争の継続などの種々な問題を生み出し，「人間

の幸福」とはほど遠い状況をもたらしたのである。

　本書のテーマは「現代世界経済と日本」であるが，基本となる考え方は大量生産・大量消費・大量廃棄および生産力増大主義への批判である。私の主張は生産力の発展よりも分配の公平化の推進であり人口規模の適正化である。分配の公平化とはいわゆる「格差社会」の否定であり，今日の先進国の所得水準の維持は生産力発展によらなくても現在の生産力水準で十分可能である。また「人口規模の適正化」とは，端的にいえば現在の地球人口を大幅に減らすことである。大胆に提起すれば現在の地球人口の半減化が望ましいと考える。もちろん人口削減は短期間で遂行できるものではない。おそらく100年ないし200年単位で実現すべき課題になるであろう。そのためには世界経済のシステムを転換しなければならないし，現在のドルを中心としたアメリカ覇権システムの転換が必要であり，多国籍企業を中心とした国際分業・貿易システムの転換・行動規制を行うことが必要である。

　従来の経済学は，資本主義システムの維持・拡大，あるいは資本主義システムそれ自体の否定などを基軸とした供給サイドか需要サイドからの理論体系・政策体系であり，いずれも生産力発展の増大を基軸に据えてきた。こうした経済学の枠組みが，20世紀の経済社会を形成してきたのであった。したがって生産力発展，経済成長批判を基軸に据えるとすれば，従来の経済学体系とは異なった理論体系の構築が求められるのである。その追究は経済学研究者としての当然の責務であるが，現在の私の力量では不可能に近い。そこで私の主たる研究テーマである現代世界経済と日本の対外関係を通して課題に迫れれば，とまとめたのが本書である。

　本書の第1章は，20世紀の世界経済の特徴および21世紀の経済社会をどのように形成するのかを明らかにした。20世紀の世界経済および国際関係の特徴は，2つの世界大戦に象徴される戦争，科学技

まえがき　5

術の発展,資本主義の優位性の確保,発展途上国の苦悩,交通・運輸手段の発展などとした。また現代世界経済は1974-75年世界恐慌以降を基点としてその特徴を列記した。すなわちアメリカの覇権システムの確立,ヨーロッパ・日本の生産力発展,国際金融体制の動揺,多国籍企業の世界大での展開,発展途上国問題の多様化・複雑化,旧ソ連・東欧・中国の資本主義システムへの移行,経済統合の進展の7つの特徴を示した。さらに21世紀経済社会は分配の公平性の追求あるいは経済成長政策の転換が課題であることを提起した。

　第2章は,アメリカ覇権システムの維持と多国籍企業のグローバル展開を支える WTO システムの特徴を分析した。WTO は1995年に発足した国際機関であり,貿易だけでなく投資,知的所有権,農業分野の開放など多角的な国際経済システムの構築を目指している。しかし WTO は枠組みが形成されたものの,具体的な自由貿易の採用に当たっては各国とくにアメリカと発展途上諸国の対立が大きく,幾多の交渉を経ても今日なお合意には至っていない。むしろヨーロッパ,南北アメリカなどは WTO の枠組みから離れて地域間経済統合を推進しようとしている。21世紀の国際経済システムは各国が WTO の枠組みを容認してはいるものの,その対応はそれぞれで異なったものとなっているのである。

　第3章は,アメリカ覇権システムの特徴とは何か,またそれが今後も維持できるのかを明らかにした。ヨーロッパ,日本が長期不況の中で,アメリカは1990年代からいわゆる「一人勝ち」の状況にあった。アメリカはその対外政策によって,国際的な過剰ドルがアメリカに還流する状況をつくりだしてきた。その結果,アメリカはサービス,金融部門を中心にして経済成長が維持されてきた。したがってアメリカの経済成長は,ヨーロッパ,日本の不況とさらに東アジアからの安価な製品を大量に輸入できるシステムが可能にしたものなのである。またアメリカは経済成長政策の維持と,資源とり

わけ石油を確保するための戦略を実施し、それがイラク戦争を導くとともに、単独行動主義の政策をとるに至っているのである。

　第4章は、アメリカ覇権システムを国際通貨体制の側面で支えるIMF体制の特徴および通貨改革の問題点を分析した。アメリカ・ドル支配が弱体化することは、覇権体制の維持を困難にすることにつながる。アメリカ・ドルの支配は1970年代以降弱体化しているが、同時に強化する政策も追求されてきている。アメリカ・ドルの流通は、世界の隅々まで浸透していったが、他方でドルの切り下げがドル信認を低下させていった。さらにヨーロッパでのEURO流通がアメリカ・ドルの国際通貨としての地位の弱体化を進めるとともに、アジアでの共通通貨構想などにもつながっていったのである。

　第5章は、アメリカと対抗する地域間協力としての意義をもつEUの特徴分析である。EUは1958年に発足した当時は6か国の単なる関税同盟にすぎなかった。それが今日では27か国5億人の共同市場あるいは政治・経済統合を推進しようとする国家連合に変身した。とくに2002年からのEURO流通は経済統合の象徴ともいえるような、国家・国民経済の枠組みを超えた政策の進展である。EUは共通農業政策（CAP）あるいは地域調整・構造調整といわれる各国間の平準化政策を適用することによって、域内の所得・生産力水準を飛躍的に拡大してきた。またリスボン条約といわれる「EU憲法」の制定が提示され、国民経済領域を超えての経済統合あるいは政治統合が課題となっている。さらに本章ではこうしたEUを推進している主体は何かを明らかにした。

　第6章は、今日おける発展途上諸国問題とは何かを分析した。1960年代に課題となった「南北問題」と今日の発展途上国問題の相違、とくに旧ソ連・東欧諸国の解体とアジア地域における急速な経済発展は、NIEO運動をはじめとした自立的国民経済形成にどのような影響を及ぼしたのか、アフリカ諸国の生産力発展の停滞要因は

どこにあるのか，1970年代「漢江の奇跡」といわれた高度経済成長を実現した韓国経済はどのような特徴をもっているのか，またどのような政策転換が行われたのかを明らかにした。さらに今後，発展途上国の経済政策の基準をどのように設定するのか，すなわち国際分業への参入，そのための外資導入政策か，自立的な国民経済形成かの課題への視点を提示した。

　第7章は，現代中国経済の特徴分析である。中国の経済発展は，設備投資，外資導入および輸出主導産業育成の3つの柱によって可能であった。とくに外資導入政策は資金だけでなく技術導入も並行的に行われ，輸出産業が急成長した。中国経済の最大の課題は，国有企業改革と農業といわれてきた。今日の高度成長はこれらの課題を克服してきたかのような状況を示している。しかし実態は農業，鉱工業を含めて過剰人口の存在があり，これが労賃の上昇や農産物価格の引き上げを拒んでいるのである。さらに中国は貿易依存度が高く，とくにアメリカへの依存度が大きい。アメリカの景気後退が進むもとでは，中国経済はアメリカ市場からヨーロッパあるいはアジア市場への転換，さらには国内市場への転換が進まなければ経済成長も困難になることを明らかにした。

　第8章は，日本の対外経済関係の特徴分析である。対外経済分析は貿易，直接投資，外国為替相場，技術移転，労働力移動，援助を中心に行った。日本の対外経済関係は長期不況の中でも確実に拡大している。とくに1985年のいわゆる「プラザ合意」以降，日本企業による多国籍企業的展開は，貿易の拡大だけでなく，安価な製品の輸入によるインフレの抑制，コストの低下など国内市場の急速な落ち込みを回避することにつながった。また海外の日本企業向け資本財・中間財の輸出増は，不況の悪化を防ぐことにもなった。日本企業の生産は国内から海外へのシフトが進展している。外国市場への転換が円滑に行われている企業がいわゆる「勝ち組」となっており，

さらなる安定市場確保を目指す市場政策，とりわけWTO重視の政策の展開が，結果として国内の不況を長期化する要因になっているのである。

　第9章は，アメリカ覇権システムに対抗する政策とは何かを考察し，EUに模したアジアにふさわしい経済協力の必要性を論じた。ASEANおよび中国，韓国，日本による「東アジア経済共同体」形成の提起である。日本の「東アジア経済共同体」構想は，アジアでの中国の浸透を阻止するとともに，アメリカの対アジア経済政策を補完する意味合いが大きい。したがって日本が提起する共同体形成は，日本独自の政策ではなくアメリカとの共同・協力関係を基軸にしたものなのである。したがってASEANあるいは中国が目指す共同体形成とは目的が異なっている。一方，ASEANは中国主導の共同体形成に関しては慎重である。アジアではヨーロッパと異なって共同体の共通事項を見いだすことが難しい状況にある。しかしアメリカへの対抗という一致点さえ見いだせば，共同体形成への道は決して困難ではない。そのためには日本および中国の対外政策の基軸を変えることが必要である。それは中国はアジアでの「覇権」を求めない道であり，日本もアジアの基軸国とならない道である。

　以上，本書の概略を示したが，全体を貫いている視点は，アメリカ覇権システムへの批判，多国籍企業によるグローバル戦略への批判および経済成長至上主義政策への批判である。1998年『反成長政策への転換』(新評論)を，2002年は『現代の国際経済構造――覇権への挑戦』(新評論)を出版したが，本書は両著で提起した私の考え方を継承している。

　本書は大学院での講義録をもとにしている。2006年に全体を書き上げたのだが，編集者(桜井書店・桜井香氏)から全体の構成，論理展開その他不十分であり，書き直しを提案された。そこで2007年の1年間，全体の構成を含めて改めて全文を書き直すことにした。

現代世界経済分析をテーマとする以上，前著と異なった内容分析・視点を提示しなければならなかったのであり，こうした点で苦心があった。

　ともあれ上梓にこぎつけたのは，桜井香氏の励ましがあったからであり，こころより感謝している。

　本書の執筆に当たっては，難しい引用文を避け，学生にも理解できるような平易な表現に努めた。また本書で用いている統計数字は，主として『通商白書』，『ジェトロ貿易・投資白書』，『世界の統計』（総務省統計局）および『日本経済新聞』である。

目　次

まえがき　3

第1章　20世紀の世界経済と21世紀の課題……………………17

1-1　アメリカ「覇権」システムの展開とグローバル化 …………17

1-2　多国籍企業によるグローバル化の進展 ………………20

1-3　20世紀国際関係の諸特徴 ……………………………28

 1-3-1　国際関係の拡大　28

 1-3-2　発展途上国問題　31

 1-3-3　諸国間の生産力格差および所得拡大　33

 1-3-4　恐慌の深刻化　34

 1-3-5　エネルギー・資源・食糧危機　36

 1-3-6　「社会主義」社会の誕生と瓦解　37

 1-3-7　国際通貨・貿易システムの動揺　39

 1-3-8　巨大企業・多国籍企業の活動　40

 1-3-9　科学技術の発展　42

 1-3-10　移民の拡大・人口の急速な増大　43

 1-3-11　交通・運輸，通信・情報手段の発展　45

 1-3-12　環境問題の悪化　45

 1-3-13　民族・宗教・地域間対立および戦争の継続　46

1-4　20世紀世界と21世紀の課題 …………………………48

第2章　WTOと地域主義の進展 ………………………………51

2-1　WTO発足の意義 ………………………………………51

2-2　WTOの新しいシステム ………………………………53

2-3　WTOの展開と地域主義の台頭 ………………………57

第3章 アメリカ経済の光と影 …………………………61

3-1 アメリカ経済成長の軌跡 …………………………61

3-2 1980年代のアメリカの対外政策 …………………63

3-3 経済成長の要因と影 ………………………………66

3-4 対外政策の転換と金融システムの転換 …………72

3-5 アメリカの石油戦略と資源政策 …………………75

   3-5-1 石油と戦争　75
   3-5-2 アメリカの石油戦略　77

第4章 国際通貨システム改革 ………………………85

4-1 国際通貨問題の現況 ………………………………85

4-2 ドル・国際通貨体制の変遷 ………………………88

4-3 石油ショックとドルの弱体化 ……………………92

4-4 国際通貨改革への道 ………………………………95

第5章 EU統合の進展 …………………………………101

5-1 EU改革条約の制定 ………………………………101

5-2 拡大EUの誕生 ……………………………………104

5-3 EU統合の推進 ……………………………………107

5-4 EUの共通政策の特徴 ……………………………109

5-5 EU統合の主体と今後の課題 ……………………114

第6章 発展途上国の経済成長と政策課題 …………119

6-1 発展途上国の開発 …………………………………119

6-2 発展途上国の「自立化」過程と政権の性格 ……124

6-3 発展途上国問題の現況 ……………………………133

6-4 韓国の経済発展の軌跡――発展途上国からの離脱 …137

6-5 発展途上国問題の展開 ……………………………147

第7章　中国の経済発展と国際関係 ……………………155

7-1　WTOシステムと中国市場 …………………………155

7-2　外資導入と経済成長 …………………………………156

7-3　開放政策の展開 ………………………………………166

7-4　人民元の「切り上げ」とその経済的効果……………169

7-5　経済的諸課題の克服 …………………………………174

第8章　21世紀の日本の対外関係……………………………185

8-1　日本の対外関係の展開………………………………185

8-2　日本の対外関係の構造………………………………187

　8-2-1　日本貿易の特徴　187

　8-2-2　貿易構造の転換　188

　8-2-3　新たな国際化の展開――海外生産の増大　191

8-3　WTO体制下での外国貿易構造 ……………………194

8-4　直接投資の拡大と経済圏形成………………………198

　8-4-1　直接投資の現状　198

　8-4-2　海外生産の目的　200

　8-4-3　海外生産の今後の動向　202

　8-4-4　日本企業の多国籍企業化と技術移転　204

8-5　労働力移動の現状……………………………………209

8-6　ODAの方向性 ………………………………………213

8-7　世界経済における日本の位置………………………216

第9章　東アジア経済共同体と日本の対外政策 …………219

9-1　貿易の拡大と東アジア経済関係……………………219

9-2　東アジア共同体への対応……………………………226

9-3　東アジア経済共同体の可能性………………………233

現代世界経済と日本

第1章　20世紀の世界経済と21世紀の課題

1-1　アメリカ「覇権」システムの展開とグローバル化

　今日のグローバル化を推進している主体はアメリカであり，EUに代表される経済統合であり，さらに多国籍企業による生産・流通・販売活動である。グローバル化の進展を支える世界経済システムは，IMF 国際通貨システムであり，WTO 貿易システムである。IMF はアメリカ・ドルの流通であり，WTO は資本主義市場原理の世界的な適用である。多国籍企業の世界大での生産・流通・販売拡大は，国境を越えた資本提携・合同・買収，国際的寡占体制の構築，国家・国民経済の枠にとらわれない経済状況の創生である。多国籍企業の発展は，従来の資本主義の歴史と異なった企業活動であり，内容が変わったように見える。また18世紀の末に確立した資本主義は，21世紀に入ってからもその生命力を失わず，新しい装いが形成されているようにも見える。新しい装いの典型は，グローバル化の進展ということになる。今日におけるグローバル化の典型は，アメリカによる「覇権」システムの展開である。

　グローバル化は，経済学的に示せば今日の資本主義の国際関係特有の概念として捉えることができる。

　第1に，グローバル化は，政治学的あるいは国際関係論的視角からすれば「覇権（Hegemony）」の獲得・支配を意味する。「覇権」という言葉は，かつて「帝国主義」という概念を用いていた。今日の「覇権」支配者がアメリカであることは，20世紀末の湾岸戦争，21世紀に入ってからのアフガニスタン，イラク戦争をみれば明らかである。したがって経済学の領域においては，「覇権」がどのよう

な形態・内容・政策によって維持されているのか，アメリカのグローバルシステムとはどのような内容かを解明することが重要になる。

第2に，世界経済における「覇権」の獲得は，自国通貨（今日ではアメリカ・ドル）による国際通貨システムの構築と浸透にある。19世紀から20世紀にかけての「覇権」は，イギリスが握っていた。イギリスはロンドン・シティーを中心とした国際金融市場を形成し，世界的なポンド金融システムを築きあげた。ポンドは世界経済における決済通貨として，国際価格表示として，長・短期の資本移動として，さらに準備通貨として機能した。第二次世界大戦後のアメリカによる「覇権」獲得は，IMFを通じて，ドルを国際通貨として流通する機構の形成によって実現した。1971年のニクソン・ショック（NEP）は，ドルの信認を低下させることになったが，同時に国際通貨として流通する領域の拡大につながった。いわば国際通貨システムが崩れながらも，ドルを通じたアメリカの「覇権」システムは強化されたのである。

第3に，世界経済における「覇権」は，国際通貨システムだけでなく，巨大な生産力を背景にして市場支配，技術支配を確立していく。アメリカはIMF・GATT体制を強化することによって先進資本主義市場だけでなく，発展途上国市場さらには東欧市場にまで生産と流通の網の目を広げていこうとした。いわゆるアメリカ的なシステム，すなわち「市場経済」と「欧米民主主義」システムの浸透である。それは今日での市場万能主義といわれる新古典派経済学理論に基づいた政策の応用である。

第4に，「覇権」の維持は，世界経済において各国の同質化と同時に差別化・選別化を進めていく。「覇権」システムによる商品生産の拡大は，各国民経済における生産と消費の標準化・共通化を進展させ，世界市場の統一化を促進する契機となる。アメリカの巨大

な生産力あるいは国際分業関係の形成は，世界の隅々にまで工業化された商品を氾濫させ，また輸出商品の生産を目指す国民経済を拡大していく。その一方で国際分業・工業化から取り残されたアフリカやイスラム諸国・地域をつくりだす。したがってグローバル化の進展は，一面で国民経済における生産力格差を解消する契機となり，他面で生産力格差を拡大する契機となる，二面性がある。

　第5に，「覇権」の獲得は，19世紀のイギリスが，20世紀の後半になってアメリカが獲得する。これまでの「覇権」は，単一国民経済によって維持されてきた。しかし，今日の世界経済は，「覇権」獲得が必ずしも単一国民経済を想定しなくても可能なような状況になった。単一国民経済と異なる形態は，共通通貨 EURO を流通させた EU などの経済統合である。むしろアメリカ単独による「覇権」の維持は，イラク戦争に対するアメリカ批判，あるいは各地域における経済統合の進展によって困難になっている。

　第6に，「覇権」の獲得は，単一国民経済でなく，また経済統合でもない巨大企業によって獲得することも可能になる。多国籍企業による世界大での生産拡大は，自国国民経済を利用しながら国民経済の利害に反する行動もとられることがある。それは進出した国民経済においても同様である。多国籍企業は，世界的な規模での生産，価格，技術支配を目的としており，国境を越えての企業合同・結合・資本提携などによって支配を獲得する。いわば多国籍企業は，世界大での市場支配，いわゆる国際的寡占体制の構築を目指す経済主体である。

　グローバル化の進展とは，上の諸現象を総合的にあらわしたものである。したがってグローバル化現象は，世界経済の諸局面で異なっているのであり，諸局面が単独の現象として生じたり，重なり合ったりすることになる。グローバル化は1980年代後半から進行した世界経済の現象であるが，一国民経済が世界的な広がりあるいは

「覇権」システムを形成していく過程を意味する。さらにグローバル化は世界経済総体の現象として捉えることも可能である。

今日の国際関係は、貿易、資本移動あるいは技術移転などの経済的諸現象が、国境を越えた広がりをもって進んでいる。こうした経済的現象をグローバル化と捉えることができる。他方でアメリカの「覇権」システムの維持・強化は、グローバル化現象として捉えることもできる。グローバル化現象は、一国民経済の世界的な広がりと、諸国民経済の世界的な共通化・共同化の進行との両側面をもっているのである。したがってグローバル化は、アメリカの「覇権」システムのみの現象として捉えるだけでなく、諸国民経済の経済的な広がりによる世界的な共通化現象としても捉える視点が必要になる。

1-2 多国籍企業によるグローバル化の進展

現代世界経済は1974-75年恐慌以降、構造変化が著しい。世界経済の構造変化は、第1に、アメリカの世界市場支配が弱まったこと。第2に、アメリカの世界市場における相対的地位の低下に対応して西ヨーロッパ、日本の生産力発展・国民経済の規模拡大である。第3に、国際通貨・金融システムは恒常的に動揺し、安定的な国際システムの構築が困難になっていること。第4に、発展途上国問題の複雑化・多様化が進んでいること。第5に、旧ソ連・東欧諸国の共産党政権などによる指令的・独裁的・利権的・官僚的体制が崩れ、「社会主義」システムに替わる新たな資本主義的生産方法の確立が進展していること。第6に、多国籍企業が代表するように資本（企業）の国際的展開が拡大していること。第7に、国民経済間の経済統合、資本（企業）間の国際的統合が進展していることである。

1974-75年世界恐慌は、世界経済の構造変化の直接的な契機と

なった。世界経済の構造変化は、世界恐慌を契機としているといっても、第二次世界大戦後の世界経済の動向あるいは各国民経済の動向によって準備されてきたのであった。かつて世界恐慌の勃発（たとえば1873年「大不況」，1929年「世界恐慌」）は，世界経済・国民経済の運動の軋轢・問題に対して一定の解決を行ったのであり，新たな世界経済の構造を形成する契機となったのであった。しかし今日の世界経済は，かつてのように恐慌によって資本主義の諸困難を解決していく方向性も見いだせない状況にあり，さらに経済構造の変化だけが先行する状況となっている。

世界経済の構造変化による各国民経済あるいは国際的経済諸関係への影響は，上の7つの特徴それぞれ異なってあらわれる。たとえば EU (European Union) が象徴するような地域経済統合の進展は，経済原理に反する現象のようにみえる。資本主義は国民経済を足場にしており，国民経済の存在を否定する経済統合などありえない，という考え方からである。EU は1992年末の経済統合および1999年の通貨統合，2002年の EURO の流通によって，一面で国民経済を否定する側面を強くし，「大欧州国家」の誕生のように進展してきた。しかし EU の現実は，経済統合を促進する勢力・国家と，消極的な勢力・国家が存在している。1990年代後半に行われたデンマークの国民投票，ノルウェーの国民投票，フランスの EU 憲法の不批准などが象徴するように，各国民の反応は様々である。それでも EU の経済統合が確実に進展していることは，各国民の意識構造と異なった別の政治的・経済的要因が働いていることを示している。

EU 統合の要因の第1は，ドイツ，イギリス，フランスなどの巨大資本（企業）による大ヨーロッパ市場の形成と市場分割である。いわばヨーロッパを基盤とした多国籍企業展開が EU の設立を促している側面である。第2は，ヨーロッパの社会民主主義勢力が，経済統合に積極的なことである。社会民主主義統合推進勢力は，社会

保障政策の充実を重要な目標に掲げている。社会保障の充実は、ヨーロッパの人々の生活向上あるいは賃金引き上げなどを可能にすることであり、国民生活の進歩的側面を示すことになる。EU統合の推進は、企業の論理、労働者の論理、さらに「市民」運動の論理に発しており、国民経済的性格と脱国民経済的性格の両面を示している。EU統合の進展の中にも世界経済の構造変化と国民経済・国際的関係の変化があらわれている。

　第二次世界大戦後、先進資本主義国だけが経済発展を遂げたのではなく、発展途上国の一部の国・地域も、急速な経済発展を達成した。それがアジアNIESでありASEANであった。また発展途上国の一部の国・地域の発展は、先進国によるかつての支配・被支配＝対立の図式という関係と異なった側面も生じさせている。第1に、先進国にとって発展途上国は、国際分業の担い手であり、その発展が市場の拡大を可能にすることであり、同時に過剰資本、過剰設備などの処理が可能になることである。第2に、発展途上国の生産力発展によって、先進国の商品あるいは企業と競合する状況が生まれたことである。第3に、発展途上国の生産力発展の結果、世界経済秩序を先進国主導では運営できない状況が生まれ、さらに発展途上国の内部においても、非民主主義的な側面を改善しなければならない状況が生まれたことである。発展途上国における生産力の発展は、絶対的な貧困状況から抜けだし、一部の富裕層、知識層あるいはいわゆる中間層を生みだす。富裕層・知識層などの中間層勢力は、国内の反民主主義的な状況の改善を提起していく主体となる。資本主義にとっては、反民主主義的な状況が生産力発展の妨げとなるからである。したがって今日の発展途上国の問題は、「南北問題」として一括りにするのでなく、各発展途上国の経済発展の状況および経済発展の特徴を分析し、あわせて世界経済との関係を明らかにすることを必要としている。

現代世界経済は，先進国支配体制，発展途上諸国の経済的地位あるいは旧ソ連・東欧諸国にみられる資本主義化への方向，多国籍企業の進展など複雑化している。世界経済の構造変化は，日本における生産力発展，国際的関係の拡大と密接に結びついている。先進国間の経済摩擦・貿易摩擦を拡大したのは，日本企業の国際競争力の強化・輸出拡大が要因となった側面がある。またEUの経済統合の進展は，アメリカ経済の相対的地位を後退させ，経済摩擦を一層複雑化している。さらに発展途上国の経済発展とりわけ日本，アジアNIES，ASEAN間の国際分業の深化は，アメリカ，ヨーロッパ諸国にアジア政策の転換あるいは重視政策をとらざるをえない状況をつくりだしている。

現代世界経済は，1970年代後半以降大きな構造変化が進んだが，その主要な担い手は多国籍企業である。アメリカの競争力低下とドルの国際通貨としての地位の低下のもとで，アメリカ企業も含めて日本，ヨーロッパ企業が国境を越えて生産，流通の市場を広げてきた。グローバル化の進展と表現するように，企業は国境を越えて生産，流通の網の目を広げていく主体となった。それはかつて19世紀に確立した資本主義の初期段階のように貿易を通じて世界経済の網の目を形成する段階から，貿易，資本移動，技術移転，労働力移動あるいは国際的経済協力といった世界経済全般にわたる活動への転換である。その主要な担い手が多国籍企業なのである。多国籍企業の活動は，国境を越えての生産，流通であるが，なによりも市場問題の解決を目的としている。市場問題とは，単なる製品の販売市場を意味するのではない。多国籍企業の活動は，投資先における内部市場の拡大，生産拠点の多角化に基づく国際的分業の形成・貿易の拡大，本国への安価な製品輸出による生産コストの削減・販売の促進，発展途上国への投資による市場拡大などの効果をもっている。さらに多国籍企業は，外国為替相場の変動を利用した投資あるいは

投機,技術移転による生産力水準の向上あるいは技術支配・独占,ODAをはじめとした援助の拡大を求めることによる生産拠点の整備,労働力移動の促進などを推進していく。いわば多国籍企業による市場問題の解決は,世界経済の諸契機を拡大していく主な要素となっているのである。

多国籍企業によるグローバル化の歩みは,他方でEU,NAFTAなどの地域主義も進展させていく。EU,NAFTAなどの経済統合は,いわゆる統合市場として多国籍企業に安定した市場を提供することになる。多国籍企業は安定した市場を確立するなかで,グローバル展開を進めるのである。しかし統合市場の形成は,保護主義的・閉鎖的な市場としてだけ存在するのではない。経済統合市場は,他の領域から進出する多国籍企業にも門戸を開放しなければならない。そこで統合市場は,閉鎖的な側面と開放的な側面の両面をもつことになる。

多国籍企業は,先進国市場だけでなく発展途上国市場,旧ソ連・東欧,中国市場まで開放を求めていく。新しい市場では,アメリカ,日本,ヨーロッパの多国籍企業の熾烈な競争が展開している。多国籍企業の世界大での活動のなかで依然として取り残されているのが,サハラ以南のアフリカであり,イスラムの支配する中近東・中央アジアである。しかしこうした地域においてもやがて市場開放化,資本主義的市場確立の波は押し寄せることになる。民族・部族対立,宗教対立などによる内戦,民族紛争は,市場を拡大しようとする多国籍企業にとって不必要な事態である。内戦・民族紛争などの事態を解決することは,多国籍企業の活動の場を広げる契機となる。反面,発展途上諸国において民族問題などの未解決の状況が続くことは,先進国・多国籍企業による発展途上諸国の差別化政策を可能にすることになる。いわば多国籍企業によるグローバル化の進展は,発展途上諸国間に生産力発展という「明」と「暗」の両面を生むの

である。

　多国籍企業のグローバル化のためには，外国為替相場の安定，国際通貨システムの安定，貿易の自由化などの国際経済システムの形成が必要である。ところが外国為替相場は，ドルの不安定という事態が長く続いた。そこで1985年以降，日本，ドイツなどは，ドル安を容認したが，同時にアメリカ・ドルの国際通貨としての地位を維持することを約束したのであった。さらにEUにおける共通通貨システムの構築は，一面ではアメリカ・ドルからの離脱を意味するが，他面ではEU通貨とドルとの関係を安定化する道である。貿易システムにおいても1995年にWTOを発足させたことにより自由化への方向性が確保された。さらに発展途上国，旧ソ連・東欧諸国などにおける債務累積の増大に関しては，IMFのコンディショナリティー政策を強いることによって，国際収支の均衡化，外国為替相場の安定，インフレーションの抑制，財政の均衡化などを求めたのである。IMFの提起に応えることができない発展途上諸国は，先進国のODAをはじめ，IBRD・IMFの融資や民間銀行による借款も受けられず，貧困・社会不安などの問題だけが累積していくことになる。こうして1970年代後半以降発展途上諸国の多くは，資本主義への道をたどることになったのである。同時に多国籍企業は，発展途上諸国の資本主義化への道を促進したり，国・地域によって現状維持のまま関与しないという行動もとっており，各国の経済発展のカギを握っている。

　多国籍企業が形成する世界経済システムは，なによりも世界各地において生産や流通の基盤を形成することによって市場を整備し，さらなる利潤取得を可能にする。国際通貨システムの動揺や為替相場の不安定は，多国籍企業の取得する利潤量に影響する。そこで進出した国・地域で取得した利潤を，アメリカ・ドルに換算し，価値保蔵，価値交換が可能なような世界的規模でのシステム形成が必要

になる。それが IMF の維持であり，WTO の貿易体制であり，地域経済統合の推進である。したがって多国籍企業にとって IMF の再建とは，現行のドル体制を弱体化させないようにすること，ドルから乖離した地域的通貨システムを構築することである。多国籍企業は，いずれの方向においても利潤の取得に不利益が生じない体制を構築することを要求する。いわば今日の世界経済は，多国籍企業の生産・流通領域を広げるためのシステムを構築する段階にある。

　旧ソ連・東欧諸国では，1980年代末から中央指令・官僚支配・独裁的経済体制からの離脱が始まった。それは旧共産党政権の崩壊過程でもある。中央指令経済からの離脱は，市場経済化すなわち資本主義的生産システムの導入の方向をたどることである。しかし第二次世界大戦後から形成してきた「社会主義」経済システムは，急速に転換することができない。東欧諸国は国有企業に象徴される旧生産設備，技術，過剰労働力の存在，そしてなによりも国際競争力の欠如という状況のもとで，改革を進展させなければならないのである。東欧諸国では，経済改革・市場経済化を促進する基盤を作成するために，一部国有企業の改革を促進するという政策がとられた。それは国際競争力の向上を目的として，新しい技術の導入，労働力の削減を可能にする生産システムの導入である。しかし既存の企業で改革を実施することは非常に困難である。したがって外国資本の力を借りる，あるいは外国資本の傘下に入るという選択によって課題を成し遂げようとしている。中東欧諸国の IMF, WTO への加盟は，国内経済政策に大枠をはめることを目的としている。すなわち市場経済化は後戻りできない選択であることを企業あるいは国民に知らせるとともに，外資を導入できる基盤をつくることである。ポーランド，チェコ，ハンガリーなどでの市場経済化政策は，多国籍企業を国内に導入することによって市場経済化の促進を図ろうとしているのである。しかし多国籍企業の国内への導入は，既存企業

との利潤量，技術，競争力などの格差を拡大するだけでなく，既存企業の存続自体も危うくするような状況をまねいている。ポーランド，チェコ，スロバキア，ハンガリー，ルーマニア，マケドニア，ブルガリア，およびリトアニア，ラトビア，エストニアのバルト3国などもEUへの加盟を実現した。これらの諸国はEUに加盟することによって，ヨーロッパ企業あるいはアメリカ，日本などの多国籍企業をはじめとした外資導入の拡大を促進する。ポーランド，チェコ，ハンガリーはNATOへも加盟した。NATOへの加盟は，中央指令経済・政治体制に再び戻ることがないことを明らかにしたものである。中東欧諸国のEU，NATOへの加盟は，市場経済化＝資本主義化を短期間で進展させる基軸になるという政策提示でもある。

　経済統合への道は中東欧諸国だけでなく，中国においても同様な事態が生じている。中国は国有企業の改革が市場経済化の鍵を握っている。しかし現実には国有企業改革は進展しているが，旧来型の国有企業は技術，競争力，生産設備などの遅れが一層顕著になっており，「市場経済化」進展の足枷にもなっている。中国は外資系企業，とくに最近では多国籍企業の進出が増大している。多国籍企業は，中国市場の拡大を期待するだけでなく，中国をアジア諸国との国際分業関係形成の重要な一環として位置づけている。多国籍企業の活動は，中国政府による経済政策の動向とは無関係に，世界経済システムあるいはグローバル化の波のなかに取り込もうとしている。中国の経済発展，あるいは東欧の旧中央指令経済社会の改革においては，主要な側面で多国籍企業が関与しているのであり，多国籍企業の動向によって市場経済化が促進する事態となっているのである。

　多国籍企業による世界経済システム形成が21世紀のキーワードとなりつつある。日本企業もますます多国籍企業への道を進もうとしている。しかし多国籍企業化する産業・企業は，日本企業のすべて

ではない。多国籍企業化する産業・企業は、国際競争力優位、技術優位あるいは巨大資本を有する一部企業にすぎない。多くの産業・企業は多国籍企業化を目指しても成功しないか、あるいは多国籍企業化のための企業規模、国際競争力、資本調達能力などをもっていない。日本は多国籍企業化が進展する企業とそうでない企業との二極化が進展している。また同時に、すべての産業・企業は多国籍企業の世界的展開と関連した、生産、流通あるいは技術などのネットワークに巻き込まれていく。21世紀の世界経済は、日本企業だけでなく、地球上のすべての国民経済、産業、企業が、多国籍企業との連関なしに存続することができないようなシステムが構築されている。

1-3　20世紀国際関係の諸特徴

1-3-1　国際関係の拡大

現代国際関係は、20世紀の100年間を通じて大きな転換が進んだ。また第二次世界大戦後特徴的となった世界経済・政治は、20世紀末になって枠組み自体の新たな編制を必要とした。それはアメリカ中心の世界経済・政治運営から、EU、日本も交えた国際関係への転換であり、アジア NIES、ASEAN 諸国・地域、中国などを含めた発展途上諸国の世界経済・政治への参加を可能とする状況への転換である。アメリカとともに世界の政治舞台で主導権を握ろうとした旧ソ連・東欧諸国の政治・経済体制の変化は、1990年代国際関係の編成替えの象徴的出来事でもあった。いわゆる「冷戦体制」の崩壊は、アメリカ、ヨーロッパを中心とした資本主義世界経済・政治体制をより強固にすることとなった。アメリカは「冷戦体制」という枠組みを設定することによって、「自由貿易」を旗印とした資本主義世界経済システムの構築を目指してきた。資本主義世界経済の最

も完成したシステムとしての「自由貿易」は，アメリカ支配の象徴でもあった。しかし「自由貿易」への志向は，日本，ドイツなどの国際競争力増大の著しい国民経済のとるべき道であり，新たな世界市場競争へ参入する後発国民経済のとらざるをえない道であった。アメリカは，国際競争力変動のなかで，自らが目指した「自由貿易」体制の構築の基本的原理を変更せざるをえなくなった。それは日米間の貿易摩擦に象徴されるようなアメリカ通商条約の適用，保護主義への回帰，さらに NAFTA（北米自由貿易地域），FTAA（米州自由貿易地域）設立，地域主義への移行という現象である。アメリカは，政治・軍事的覇権を行使することで，経済的な主導権の回復を目指す政策も行ってきた。アメリカは，アフリカ，アジア，ラテン・アメリカ，パレスチナ，東欧諸国で起こった国内戦争，民族紛争へ介入し，「湾岸戦争」のように国連軍の名目での軍事介入を行ってきたし，イラク戦争も単独で行ってきた。

「冷戦体制」の崩壊，あるいは発展途上諸国・地域での内戦・民族紛争などの勃発は，資本主義ほど安定的なシステムは存在しないことを証明しているように見えた。またヨーロッパ，北アメリカ，日本などの先進資本主義諸国は，経済発展，物質文明の繁栄のなかで諸問題を解決しているようにも見えた。すなわち発展途上諸国あるいは東欧諸国は，資本主義システムが確立していないために，不安定さが拡大している，との認識が一般的な見方であった。20世紀末は，資本主義システムの確立が各国の課題であり，資本主義こそ「社会主義」よりも優位性をもつ経済・政治システムであることが確立した段階としてみることができる。資本主義体制の優位性の確保は，生産力発展，技術革新・開発さらには交通・運輸・通信手段などの発展と対応している。資本主義のグローバル体制への移行は，技術革新・開発の急速な発展に対応できるような市場の整備を意味する。世界市場の整備は，国民経済間の垣根を取り払う「自由な競

争」を可能にする。「自由な競争」を前提とした市場は，価格競争だけでなく，品質，性能，デザイン，ブランド名などを含めた競争を可能にすることである。

　WTOの発足は，20世紀末の資本主義の優位性確保の象徴的な世界経済システムであった。「自由な競争」を前提とする世界経済関係には，金融システムの改革も必要である。商品，資本の移動の自由な世界経済関係の構築こそ，資本主義が追い求めてきた「理想の世界」なのである。20世紀は，資本主義の「理想の世界」を構築するなかで様々な出来事が生まれた。

　資本主義の世界市場創出傾向は，第二次世界大戦後，植民地・従属国の独立・個別国民経済の形成という結果をもたらした。資本主義は，自由な市場を形成することによって競争を主体とした経済関係を確立する。資本主義の特徴は，商品経済化の促進であり，利潤量の拡大を求めた競争社会であり，さらには基本的人権の確立にはじまる労働力の商品化・流動化社会である。資本主義を確立したのは19世紀の西ヨーロッパであり，アメリカであった。第二次世界大戦後は，東アジア，ラテン・アメリカなどで資本主義体制が確立していった。発展途上諸国での資本主義の確立は，ヨーロッパ，アメリカ，日本などで採用した資本主義経済システムの移築であり，同時に政治体制，文化までも含んだ欧米的資本主義体制の構築であった。

　第二次世界大戦後は，旧ソ連・東欧諸国がいわゆる「社会主義体制」の構築を試みたが，やがて中途で瓦解する。一部の発展途上諸国は，旧ソ連・東欧諸国の影響を受けた国も存在したが，旧ソ連・東欧諸国の共産党政権の崩壊によって，「社会主義」的社会建設が終結していく。発展途上諸国は，20世紀末に明確になった資本主義体制優位のもとで経済システムの選択を余儀なくされた。発展途上諸国の選択は，アメリカを先頭とした資本主義諸国の「グローバル体制」に組み込まれることであった。資本主義体制の優位のなかで，

21世紀世界経済は，資本主義的市場システムの完成を目指してきているのであり，その象徴が WTO として結実している。

1-3-2　発展途上国問題

　1960年代に高じた「南北問題」は，1971年の国際金融危機および第一次石油ショックを通じて変容する。1960年代に「南北問題」が高揚した段階は，北の先進資本主義諸国と南の発展途上諸国との関係，すなわち支配と対立という図式であった。発展途上諸国は，第二次世界大戦後，植民地・従属国の位置から解放され，自立的国家の形成が最大の課題となり，同時に自立化への意欲も人々の間に形成された。1955年のアジア・アフリカ会議での平和10原則の確立，1964年の UNCTAD の開催などは，高揚期の発展途上国運動の象徴であった。1960年，当時のアメリカ・ケネディ大統領が提唱した「国連開発のための10年計画」は，先進資本主義諸国の発展途上諸国対策として講じられた。旧ソ連・東欧諸国および中国のいわゆる「社会主義」社会形成が進展するなかで，ベトナム，ラオス，カンボジアなどでの反帝国主義・反植民地主義・反アメリカ運動は，先進資本主義諸国をして市場の危機をもたらすような状況を生んだ。とくにベトナムは1965年からアメリカとの戦争が本格化した。ベトナムは1975年に多大な被害を受けながらアメリカに勝利する。発展途上諸国における民族自立，先進国からの干渉排除の目標達成は，ベトナム戦争の勝利によって前進するものと期待された。また1973年第四次中東戦争は，アラブ諸国による石油生産削減，輸出削減・禁止，さらには石油利権の取り戻しなどの施策が講じられる契機となった。こうした措置は発展途上国にとって，自国の天然資源を「武器」として先進資本主義諸国主体の国際関係を変化させることが可能であるように見えたのである。石油ショックは，先進資本主義諸国だけでなく石油を産出しない発展途上諸国にまで大きな影響

を及ぼした。石油ショックは、アラブ産油国の「自立性」を高めただけでなく、外貨収入も増大し、経済建設の契機となるかのような事態を生み出した。アラブ産油国の運動は、他の発展途上諸国の自立化運動にも希望をもたらしたのであった。事実、石油ショック以降、発展途上諸国は、自国の天然資源・農産物を中心とした輸出国機構を設立し、先進資本主義諸国中心の市場支配に対抗することを鮮明にした。サトウキビ、バナナ、銅鉱石などの輸出国機構の設立は、その後の天然資源貿易の価格・数量決定に影響を及ぼすものと期待された。当時のEC諸国によるロメ協定の設立や、共通基金制度の設立は、発展途上国運動の一定の成果であった。

発展途上諸国による自立化運動は、別の側面で発展途上諸国の経済的苦悩を倍加することになった。石油価格の上昇は、石油を産出しない発展途上諸国の国際収支を悪化させ、経済建設に必要な機械・機器などの輸入を困難にしただけでなく、主食食糧の輸入さえも困難にした。先進資本主義諸国は、発展途上諸国に対して種々な対抗措置を講じるようになる。たとえばIEA (International Energy Agency：国際エネルギー機関)の設立は、アラブ産油国からの石油輸入を減じるとともに、価格・生産決定権を発展途上国から取り戻すための先進資本主義諸国同盟であった。先進資本主義諸国は、発展途上諸国で生産する鉱物資源・天然資源などの輸入を抑制するために、種々の代替物資の開発・転換などを推進する。さらにアメリカを中心とした先進資本主義諸国は、発展途上諸国の運動の分裂をもたらすために、国際機関、地域間同盟あるいはODAなどを通じて発展途上諸国の政治・経済に介入する施策を講じるようになる。先のベトナム戦争は、アメリカによる発展途上諸国の自立化運動阻止の具体的な形態であった。他方で1970年代「漢江の奇跡」を遂げた韓国は、アメリカ、日本などの発展途上諸国に対する自立化運動への対抗施策を活用することによって、経済発展を可能にしたので

あった。

　21世紀に入って発展途上諸国は，新たな経済発展の方向性を探り出さなければならないが，現実はそれぞれの国・地域の政治的・経済的状況が変化してきていること，国際関係の変化に対応できない状況の国・地域もあることが特徴的である。アフリカ諸国・地域のように独立しても「国家」形態すら確立できず，政権が不安定であり，政府の役割も果たせない状況もある。イスラム諸国では，かつてのアフガニスタンにあらわれたように，「民主主義」とは乖離した政策が進展し，アメリカの介入をまねくことにもつながった。アフガニスタンは，2001年9月11日のニューヨークでの事件を契機としてアメリカによる不当な戦争を余儀なくされ，事実上アメリカの支配下にある。イラクは1991年の「湾岸戦争」を契機として国際社会から孤立し，その結果アメリカからの干渉を受け，さらに2002年には戦争の勃発となり，フセイン政権が崩壊する。あるいは北朝鮮のように「自立的」国家体制を確立してきたことが，別の側面では独裁政権の維持となり，国民の生活向上以前に「国家」および為政者の権力護持政策が継続化している。北朝鮮の独自の対外政策は，アメリカあるいは日本から「敵国」として位置づけられ，それぞれの軍事力拡大・同盟関係維持を「合法化」する口実を与えているのである。

1-3-3　諸国間の生産力格差および所得拡大

　発展途上諸国問題の多様化・複雑化のなかで今日の国際関係は，豊かな国と貧しい国との経済的格差が増大する傾向にある。30年前の先進国と発展途上国の所得格差は，最大150であったが，21世紀になって最大500以上となっている。豊かな国はますます富んでいき，貧しい国がますます貧困に喘ぐという構図である。アメリカ，EUなどの先進資本主義諸国の1人当たりGDPは，今日では約2

万ドル以上となり，4万ドルを超える国も存在する。とくに日本は1970年，1953ドルにすぎなかったが，1990年代に入ると3万ドル以上も増大している。ドル安・円高という外国為替相場の変動によってドル表示での増大傾向があるとはいえ，その伸びは15倍以上となっている。EU諸国もGDPの伸びは，イギリスを除くと20年間で10倍以上となっている。アジアの韓国，台湾，シンガポールは，先進国以上の伸び率であり，とくに韓国，台湾は1990年代になると1970年の水準の30倍以上に増大している。いかにこれらの地域の経済発展が急速に進んだかを示している。アジアNIESに続いてASEAN諸国の経済発展も急速に進んでいる。タイ，マレーシア，インドネシアなどはGDPが20年間に10倍以上の伸びとなっている。アジアNIESやASEANの経済発展に比べ，ネパール，スリランカ，バングラデシュ，パキスタンなどの南アジア，あるいはアフリカ諸国の経済発展は停滞している。IMFの統計によれば，一人当たりGDP 875ドル以下の国（LDC: Least Developed Country）は，アフリカ，南アジアに集中している。先進国や東アジアの国々では，最近の20年間でGDPが10倍から30倍にまで増大したが，LDCといわれる国々では1.5倍から3倍程度であり，結果として先進国とLDCとの所得格差，経済格差は拡大しているのである。

1-3-4 恐慌の深刻化

先進国あるいはアジアNIESなどは，豊かな国になったといっても，それは国民経済の平均的な水準を意味しているのであって，すべての国民が豊かさを享受しているわけではない。先進国においても同様に所得格差は増大している。今日の先進国は，深刻な不況の長期化に対して有効な処方箋すら出せないでいる。不況の克服のための今日の政策は，国家の財政・金融制度の改革，種々な補助金制度の整理，小さな政府，市場原理の徹底などであるが，効果的な処

方策とはなっていない。かつて資本主義は，歴史上4度の大きな恐慌を経験してきた。1825年の恐慌は，資本主義が成立してからはじめての本格的過剰生産恐慌であった。1873年の恐慌は，「大不況」と呼ばれ，この恐慌の後に自由競争を前提とした産業資本主義段階から独占資本主義段階への移行となり，アジア，アフリカ，中近東諸地域の植民地領有がほぼ完了した。1929年の「世界恐慌」は，資本主義が経験した最も大きな恐慌であった。恐慌の後には，いわゆるケインズ政策と呼ばれる財政・金融による国家の経済過程への積極的介入の必要性が強まった（ゴールドステイン, J. S.『世界システムと長期波動論争』岡田光正訳，世界書院，1997年，参照）。そして1974-75年恐慌は，「石油ショック」を契機として生じたのである。この恐慌は，第二次世界大戦後の世界経済を支配してきたアメリカ経済が，主導力を発揮できなくなったことを意味していた。1974-75年恐慌以降国際関係は，従来の資本主義世界とは異なった様相を呈するようになったのである。すなわち資本主義がかつて経験したことのない様々な諸問題の発生である。

　資本主義は，大きな恐慌を4度経験しているが，周期はおおよそ50年となっている。いわば資本主義は約50年を周期として大きな恐慌を経験し，生産，流通，消費の形態を変えてきた。それは主として産業構造の転換として生じたのであり，独占的な巨大企業の誕生であり，国家の経済過程への積極介入であった。ところが1974-75年恐慌は，従来の大きな恐慌と異なった状況がある。これまでの資本主義は恐慌を契機として問題の累積を一定程度克服してきたのであった。しかし今次の恐慌は，恐慌克服のための解決策が見いだせないまま今日に至っているのである。それだけ資本主義社会の混迷が続いていることを示すものであり，同時に解決策を示すことができない経済学・政治学などの社会科学の混迷も続いているのである。

1-3-5 エネルギー・資源・食糧危機

　資本主義は，GDPが示すような経済的な指標のみが豊かさの基準となるのではない。また経済成長率は，国民経済の背後にある経済的・社会的諸問題を正確にあらわしているものでもない。先進資本主義国が経験したように，すべての発展途上諸国があるいはロシア，東欧，中国などが欧米的資本主義経済システムを採用するということになれば，すなわちアメリカ，日本，ドイツなどと同じ生産力水準の経済発展，所得を目指すことになったならば，いったい我々の住む地球規模の問題を解決することが可能なのかという問題に直面する。それはたとえば水質，大気などの環境問題，発展途上国の人口増大の問題，自然と土地の制約が課せられたときの食糧問題，化石燃料に依存することによるエネルギーの絶対的不足問題，さらに物質文明の進展が伝統的な文化や生活習慣までも破壊していくといった問題である。第二次世界大戦後の食糧生産の増大は，人口増大を可能にした。しかし近代農業は，農業機械の発展，種子改良，灌漑・大量の水消費，化学肥料消費，農薬消費などのもとで生産増大が可能であった。さらに農業生産を拡大しようにも，アジア，北アメリカなどでの新たな農地の拡大は不可能であり，唯一残されたのがブラジル・アマゾン地域となる。アマゾンの開発はブラジル政府と多国籍企業以外だれも望んでいない。南アジアでは広大な森林が農地に変わり，アフリカは農地の砂漠化が進行している。食糧生産増大のための農地拡大は今日不可能な状況にある。

　所得の上昇，食生活の欧風化によって肉の消費が拡大している。FAOによれば肉の消費は1970年から21世紀に入る30年間で1.4倍増となっている。中国では5.1倍である。牛肉1キログラムの生産のためには，トウモロコシ換算で11キログラムを要し，豚肉でも7キログラムを要する。ところが穀物生産量の伸びは，1990年代以降鈍化しており，このまま肉の消費が増大すれば穀物不足が深刻化する。

さらに穀物消費の拡大につながっているのが代替ガソリンとしてのバイオエタノールの普及である。アメリカではトウモロコシ生産が増大しているが、穀物消費（家畜の飼料を含む）としてではなく、燃料としての消費拡大である。ブラジルは世界最大のバイオエタノール生産国であるが、オレンジなどの果樹あるいはその他の穀物生産も一部バイオエタノール生産に転化していることによって、食糧としての穀物生産量の不足が懸念されている。すでに地球上での農業生産の拡大は、事実上限界に達している。食糧生産をめぐる状況は、決して楽観できるものでない。

石油資源をはじめ鉄、石炭、銅、ウラニウムなどは生産力発展のもとで大量に消費され、埋蔵量が著しく減少し、100年〜300年後に採掘不能になることが予測されている。今日の急速な生産力発展、人口増大、大量消費の資本主義システムは、食糧、エネルギー、鉱物資源などの生産が限界に近づいていることを示している。20世紀末から顕著になった環境問題、エネルギー・資源・食糧問題は、生産力発展を至上命題とする資本主義システムの構造的問題を提起しているのである。

1-3-6 「社会主義」社会の誕生と瓦解

20世紀は、「社会主義」社会の建設という新しいテーマに取り組んだ世紀であった。しかしこの「社会主義」社会システムは、1991年旧ソ連邦が崩壊し、新たに13の独立共同体（CIS: Commonwealth of Independent States）として再発足するようになり終焉した。第二次世界大戦後いわゆる「冷戦体制」の一方の極として存在した旧ソ連の解体は、世界経済に新たな衝撃を与えることになった。1989年ベルリンの壁の崩壊以降は、ポーランド、チェコ・スロヴァキア、ブルガリア、ハンガリー、ルーマニアなどの共産党政権による中央指令的・独裁的・官僚的・利権的体制の維持困難を意味したので

あった。

　東欧諸国は，長らく「社会主義」社会という体制にあったという認識が政治学，経済学のなかで半ば常識化していた。しかしこの「社会主義」社会体制の崩壊は，はたして「社会主義」とはいかなる経済・社会形態であるのかという問題をあらためて問うことになった。「社会主義」社会の所有形態は，全社会的所有あるいは共同体的所有であり，資本主義社会と異なった計画的な経済建設であり「搾取」のない社会である。したがって「社会主義」社会は，人類が究極的に求める社会であり，「理想」の社会形態であると一部の人々から支持されてきた。旧ソ連をはじめとした東欧政権の瓦解は，労働運動の終着点としての資本主義体制の打破，新しい社会＝「社会主義」社会の建設という「理想」も潰えた。「社会主義」社会の建設という「理想」が潰えた今日の労働運動は，何を目標とし，さらにどのような社会を建設するのかという目的すら見失ったように見える。そこで旧ソ連・東欧諸国の解体は，何を原因としていたのか，あるいは「理想」の社会とどのように乖離していたのかが，今日明らかにしなければならない課題として残った。

　解体前の旧ソ連・東欧諸国は，西ヨーロッパ諸国よりも何が原因で経済成長が鈍化したのか，なぜ人々の暮らしが改善しなかったのか，共産党政権がなぜ維持できたのか，民主主義は浸透していたのか，など様々な問題に対して未だ解答が出されていない。1960年代までの旧ソ連は，軍事部門あるいは宇宙開発部門など一部でアメリカを凌駕していたが，1970年代に入るとすべての産業部門および軍事部門は，アメリカよりも劣っていることが鮮明になった。この時期は，発展途上諸国でも「計画的生産」システムから資本主義生産システムの導入が進展するようになった。ソ連，東欧諸国からの軍事も含めた援助は，量的拡大はもちろんのこと質的にも先進資本主義諸国に比べて劣っており，それが発展途上諸国が西側の援助を求

めていく要因になった。とくに1970年代2度にわたった石油ショックの勃発は、東欧諸国の国際収支を悪化させ、再び旧ソ連との経済的関係を強化しなければならない状況が形成された。2度の石油ショックを克服した日本の経済発展、EUとして経済統合を目指す西ヨーロッパ、国際通貨ドルをもつアメリカ、そして韓国、台湾、ASEANの経済発展は、「社会主義」社会システムよりも少なくとも経済成長の優位性を発揮したということができる。ゴルバチョフ旧ソ連大統領の「ペレストロイカ」などの提案にもかかわらず、体制は崩壊するという事態になったのである。したがって「社会主義」社会は、20世紀の遺物なのかあるいは再生することが可能なシステムなのか、という新たな経済的・政治的課題が今日の社会科学に提起されたのである。

1-3-7 国際通貨・貿易システムの動揺

　発展途上諸国の資本主義システムの採用あるいは旧ソ連・東欧諸国の崩壊と関連しているのは、国際通貨・貿易システムの転換である。1960年代から生じた国際通貨危機・ドル危機は、1971年のニクソン・ショックを契機として急速に進行した。ニクソン・ショック以降、アメリカ・ドルは、国際通貨の地位からの後退を意味したのでなく、逆に国際通貨としてますます浸透するという事態が生じた。しかし国際通貨・金融システムは、恒常的に動揺し、安定的な国際通貨システムの構築が依然として困難な状況にある。アメリカ・ドルは、不安定ながらも国際通貨としての地位を維持している。同時に巨大な規模のドル過剰資金が、国際間で流動し、その一部が国際投機資金として1997年、アジア通貨危機を引き起こした。またニューヨーク、ロンドン、フランクフルト、アムステルダムなどの国際金融市場は肥大化し、多国籍企業の資金調達を可能にするだけでなく、国際投機資金を調達する市場としても拡大している。

資本主義にとっては，安定的な国際金融システム，外国為替相場を維持することが至上命令である。国際金融システムの安定は，貿易の拡大，投資などの資本移動を促す基礎となるからである。IMFは，なによりも安定的な国際金融システム，外国為替相場の確立を目指したのであった。しかし1973年以来為替変動相場制の採用は，安定的な国際金融システムの確立ではなく，資本移動，為替投機などを誘発することになった。すなわち不安定な国際通貨システムのもとで巨大な資本移動が生じており，それが多国籍企業の活動を増大させるとともに，新たな金融システムの構築を望むようになった。今日の不安定な国際通貨システムは，EU にみられるようにアメリカ・ドルから遊離する独自の通貨圏をつくりだすことにもつながったし，多くの発展途上国においてもアメリカ・ドル体制に一層依存するような状況をつくりだしたのであった。さらに今日の国際金融システムは，EU の共通通貨 EURO の発行あるいはアジア通貨圏「ACU」構想など複数基軸通貨システムへ移行する状況も生じている。

1-3-8　巨大企業・多国籍企業の活動

　20世紀の資本主義的な世界経済システムの構築のなかで象徴的な存在は，多国籍企業である。多国籍企業は，20世紀後半に急速に拡大した企業形態であり，同時に新たな国際関係をつくりだす主体として存在する国際的寡占企業形態である。多国籍企業は，今日のグローバル経済の主体としても位置づけることができる。多国籍企業は，資本金，売上高，従業員数などによってそれぞれの企業の大きさが異なる。共通事項は複数国で生産・流通・販売を行っている巨大企業である。多国籍企業のグローバル展開とは，生産・流通の網の目を世界的な規模で拡げていく状態をさしている。もちろん多国籍企業は，世界のありとあらゆる国・地域に進出するのではなく，国・地域の差別と選別を行っている。したがってそれはグローバル

展開ではなく，地域的・個別的展開というべき内容である。しかし多国籍企業の展開は，国境を越えての生産活動であり，国民経済を母胎としながら自国国民経済と対立し，さらには進出した国民経済とも対立することもある。同時に多国籍企業は，進出した国・地域を自国と同様な市場に変えていこうとする。それはいわば世界各地における多国籍企業化・グローバル化の進展であり，一部にアメリカナイゼーションとも呼ばれる現象を引き起こす。多国籍企業は，いわゆる世界的な規模での標準化・共通化，いわば単一世界市場・資本主義市場の形成を目指す企業形態であり，国民経済の枠組みを利用する企業形態である。

1960年代にアメリカ企業がヨーロッパ，カナダ，ラテン・アメリカでの生産をはじめて以来，多国籍企業的展開はヨーロッパ，日本あるいは韓国，中国などの企業にも拡大しており，世界経済の新たな構造を形成する主体になりつつある。多国籍企業はかつてのようなアメリカ企業のみによる世界市場の占有からヨーロッパ，日本などの先進資本主義諸国，アジア NIES までも含む巨大企業の世界市場への新しい進出形態でもある。したがって多国籍企業は，世界経済再編の担い手となりつつある。多国籍企業の活動は，先進国市場から発展途上国，東欧・中国などにも及んでいる。アメリカ企業が多国籍企業的展開を可能にしたのは，IMF・GATT 体制のもとでアメリカに似せた世界市場が形成されてきたからであり，巨大な生産力・技術優位・資本力があったからである。それはアメリカ主体の国際分業＝外国貿易システムの構築であり，ドルを国際通貨として流通させることである。アメリカ企業の国際的展開を支えた基礎は，援助あるいは貿易などを通じて資本移動の条件が形成されたことにある。外国貿易体制においては，貿易の自由化の推進，各種貿易制限の撤廃，さらには関税率の引き下げなど自由貿易システムの構築であった。ヨーロッパ，日本，ラテン・アメリカなどでは，アメリ

カに似せた市場の整備が進展した。アメリカ主導の世界市場の形成は，アメリカ企業をして海外進出を促す契機ともなった。アメリカ企業による多国籍企業的展開は，のちにアメリカ企業だけでなくヨーロッパ，日本企業の多国籍企業的展開を促すことになった。

1970年代後半からの世界は，発展途上国あるいは旧ソ連・東欧，中国においても多国籍企業をどのようにして受け入れるかが課題になった。多国籍企業が進出しない国・地域は，経済発展が遅々として進まない状況が顕著になったからである。発展途上国の運動の変化とくに新国際経済秩序（NIEO）運動の停滞は，多国籍企業の進展と無関係でない。また1990年代になって多国籍企業による国境を越えての資本提携，技術提携あるいは合併・買収という活動が拡大した。それは多国籍企業による市場，技術，あるいは価格支配を目指した国際的寡占体制の構築という事態を迎えているのである。多国籍企業の拡大によってアジア，とくに ASEAN，中国は，その国際分業体制に巻き込まれ，生産基地としての役割を担いつつある。多国籍企業の進出によって，一国の経済・政治主権の確立も脅かされるような事態も生じている。したがって自立的国民経済形成をめざす発展途上諸国にとっては，多国籍企業を受け入れながらその活動を規制していく方向性が提起できるかが課題になる。こうした多国籍企業の進出に対してどのように対処していくかは，発展途上諸国だけでなく先進諸国においても同様に課題となるし，21世紀の世界経済において重要な課題となっている。

1-3-9 科学技術の発展

多国籍企業活動の拡大に代表されるように資本主義の優位性の確保，先進資本主義諸国における生産力発展，あるいは戦争の推進を支えたのは，20世紀に入って多くの科学技術の発展があったからである。化学・物理の分野では，1905年にアインシュタインによって

特殊相対性理論をはじめとする諸理論が提起された。さらに原子の構造の解明，水素原子のスペクトルの発見，あるいは量子力学の確立は，物理学の領域での飛躍的発展をもたらしただけでなく，軍事部門にまで応用され化学兵器・核兵器の発明によって戦争形態の大きな転換をもたらした（樺山紘一・坂部恵・古井由吉・山田慶兒・養老孟司・米沢富美子編『20世紀の定義』第1巻，岩波書店，2000年，参照）。科学技術の発展は，電気・電子技術の領域におけるテレビジョンの発明をはじめとして，ビデオテープレコーダー，コンピューターの発明，半導体の応用などを生み出した。これらの部門は巨大な産業部門として成長し，巨大企業も生まれた。医薬品・医療機器の領域では，フレミングによるペニシリンの発見をはじめとして，臓器移植技術の確立によって腎臓，心臓，肝臓などの移植も可能にした。またクローン技術の確立などの遺伝子操作，ヒトゲノムの解明などは，未知の医学領域にまで及ぶものであった。精密機械技術の発展は，カメラなどの既存分野での発達だけでなく，電子顕微鏡などの発展によって他の生産分野にまで大きな影響を及ぼすことになった。そのほか情報機器の発展では，FAX などの通信手段の発明だけでなく，コンピューターを利用したインターネットによる情報革命といわれるような現象を引き起こしている。エネルギーの分野でも既存の石炭から石油，原子力などに転換し，化石燃料からの脱皮を目的とした自然エネルギーの応用にまで進展している。20世紀における科学技術の発展は，資本主義の生産形態を転換しただけでなく，物質文明・消費文明を拡大することにつながった。

1-3-10 移民の拡大・人口の急速な増大

　20世紀は資本主義的生産力の発展だけでなく急速な人口の増大をもたらした。地球上の人口は，1600年5億人，1700年6.25億人，1800年9.6億人であったが，1900年は16億2500万人となり，1950年，

25億人，2000年，60億人，2007年には66億人となっている。20世紀の100年間に人口は約45億人増大したことになる。とくに20世紀後半の50年間に，人口は35億人も増大している。1900年代最初の半世紀の人口増大地域は，ヨーロッパ，北アメリカであり，1950年代以降はアジア，ラテン・アメリカ，アフリカなどの発展途上諸国・地域である。とくに1950年代以降これらの地域での人口増大は，植民地からの独立によって国民国家を形成したこと，食糧生産が増大したこと，乳児死亡率が低下したことなどが主たる要因である。こうした人口増大は，また資本主義にとっての市場拡大を可能にすることであった。巨大な生産力のもとでの巨大な人口規模は，二重の意味で資本主義を支えることになる。それは巨大な生産力を支えるための科学技術の発展，生産された商品のための市場の拡大，さらには生産に直接たずさわる労働力の増大であり，資本主義発展の基軸をなしたのであった。

　20世紀は，移民などを通じた国民国家の多民族化・多人種化が進展した。世界的規模での労働力，移民の増大は，19世紀から20世紀にかけては，グレートブリテン（英国），アイルランド，スウェーデン，ノルウェー，フィンランドなどからのアメリカ移民にはじまり，ドイツ，オーストリア・ハンガリーなどの中欧からアメリカへ，そして20世紀にはイタリア，スペインなどの南欧からアメリカ，カナダ，メキシコ，キューバ，ブラジル，アルゼンチン，オーストラリアなどへの移民が生じた。17世紀に拡大した黒人奴隷は，主としてアフリカからアメリカ，ブラジル，カリブ海地域に送られた。とくにアフリカからの黒人の多くは，今日でも低賃金労働力の担い手となっており，コスト低下・競争力増大の要因となっている。

　第二次世界大戦後のヨーロッパ諸国は，低賃金労働力不足を南ヨーロッパ，トルコ，アルジェリアなどからの短期出稼ぎ，移民・難民受け入れなどによって補ってきた（ウェイナー，マイロン『移民

と難民の国際政治学』内藤嘉昭訳，明石書店，1999年，参照)。こうした人々は，やがてヨーロッパ諸国に定住し多民族化・多人種化国家を進展させる一因になった。

1-3-11　交通・運輸，通信・情報手段の発展

　20世紀は，交通・運輸輸送手段の発展，情報手段の発展をもたらした世紀であった。交通手段の発展では，自動車・航空機の発明，大量輸送手段の開発などがあった。交通手段の発展は，商品の移動あるいは労働力の移動を促進する媒介手段となった。自動車，航空機などの発展は，これらの産業を巨大な生産部門として発展させた。20世紀にアメリカが覇権を獲得したその経済的背景には，フォードに代表される自動車産業などの拡大があった。フォードは，単一車種・大量生産方式を採用し，耐久消費財の大量生産・大量消費の社会を形成することにつながった。日本においても1960年代以降，自動車産業が，鉄鋼に代わって基幹産業部門となり，生産力発展に多大に寄与した。自動車，航空機，船舶などの交通・輸送手段の発展は，軍事部門にも応用され，戦争を拡大する基盤を形成しただけでなく戦争形態をも変える要因となった。さらに20世紀の情報手段の発展は，労働力移動の拡大・商品貿易の拡大をもたらすとともに，情報手段の発展による情報の共有の可能性，情報独占の可能性，情報を媒介とした新たな生産，流通，消費構造の転換の可能性をもたらした。

1-3-12　環境問題の悪化

　生産力の発展，交通・運輸手段などの発展のなかで，負の遺産ともいうべき公害・環境問題が新たな課題として登場してきた。化石燃料の大量消費は，二酸化窒素，二酸化炭素などの大量排出をともない地球温暖化という現象を生じさせた。あるいは生産力発展のな

かでの素材産業の拡大は，有限物資である鉱物資源の枯渇にもつながった。また人口の爆発的な増大，あるいは消費生活の多様化・西欧化にともなって食生活の転換も生じた。とくに農地の拡大，畜産の拡大などは，森林伐採を強制した。海，湖沼，河川などでも，人口増大にともなう汚水あるいは産業汚染物質が大量に流れ込み，いわゆる環境汚染が進行している。資本主義的発展は，開発による森林伐採から土壌流失，洪水，干ばつなどを引き起こす原因となっている。自然破壊にともなう「自然災害」が各国で多発しているのである。いわば「自然災害」は一種の「公害」でもある。公害は20世紀初頭から資本主義発展の課題であったが，今日ほど大量に構造的に進んではいなかった。環境問題の深刻化は，資本主義発展の阻害要因になりかねない。すなわち環境問題は，生産力発展あるいは工業化の進展と表裏一体の関係にあるからである。また人口増大も環境悪化を促進していることになる。資本主義の発展，生産力の発展は，人口増大のなかで可能であった。したがって環境問題の解決には，生産力の発展を停止することあるいは人口を抑制することが必要になる。環境問題が全人類的な課題として登場したことによって，環境保全・生態系の回復を目指す運動も高じてきたのである。反グローバル化を掲げる一部の市民運動，NGO・NPO 運動などは，ある意味では生産力発展に対抗するものであり，資本主義的生産体制を否定するものとなっている。それはいわゆるアメリカ的・西欧的価値観からの離脱であり，現行の社会主義，資本主義システムの批判であり，生産力拡大・経済成長を目指したこれまでの経済学の否定であり，企業形態を含む商品経済システムの転換を目指すものである。

1-3-13　民族・宗教・地域間対立および戦争の継続

　20世紀は２度の世界戦争だけでなく地域間・民族戦争が絶え間な

い世紀であった。第一次世界大戦後,東欧諸国とりわけハンガリー・オーストリア帝国の解体,オスマントルコの解体などによって中央・東ヨーロッパは,民族問題を先送りした国民国家形成を余儀なくされた。20世紀末の南スラブ地域での民族紛争は,旧帝国の解体にともなう国境線の設定がその背景にあった。第二次世界大戦後の植民地の独立過程においても国境線の画定は,必ずしも民族・部族・宗教などを前提として行われたわけではなかった。なによりも発展途上諸国は,植民地として宗主国の支配に属した段階から民族・部族・宗教などの存在を事実上無視されてきたからである。第二次世界大戦後の旧植民地の独立にともなう民族・宗教問題は,たとえばインド・パキスタン問題,カシミール帰属問題などとして生じた。またユダヤ人国家設立に関しては,イギリス,アメリカがアラブ諸国あるいはパレスチナ人の意向と乖離して,イスラエル・ユダヤ人国家設立を図った。したがってパレスチナの独立問題は,棚上げされたのであった。そのほかアフリカ地域では各地で民族問題が発生し,今日でも解決できない国家・地域が数多く存在している。インドネシアでの民族問題は,最近において東チモールが独立を達成したが,解決しえていない多くの課題を抱えている。アジア,中近東においてはスリランカの民族対立,トルコ,イラン,イラク間でのクルド族問題,アフガニスタンの民族・宗教問題,フィリピンの民族・宗教問題,中国の少数民族問題,ウズベキスタン,アゼルバイジャン,キルギスタンなどでの民族・イスラム宗教問題などがあり,一部では内戦が継続している。ヨーロッパにおいてもグレートブリテンと北アイルランドの宗教問題での対立,さらにはスコットランド,ウェールズ議会の発足と自立国家体制構築への階梯などの問題がある。スペインでは,バスク,カタロニア独立問題も依然として存在する。北アメリカではアメリカ,メキシコなどで生じている先住民族問題あるいはカナダでのケベック独立問題など紛

争の種を抱えている。このように第二次世界大戦後は，民族・部族・宗教問題などの対立・紛争を閉じこめたままに国境を設定し，国民国家の設立が行われ，ひとたび国家権力の基盤が弱まれば，問題が表面化せざるをえない状況がある。そして内戦・紛争が拡大するたびに難民が増大するという悪循環を生んでいるのである。いわば19世紀の資本主義の領土拡張・帝国主義政策は，20世紀になっても継続していることになる。さらに発展途上諸国は独立後も先進資本主義諸国による市場問題解決の基軸として位置づけられているがために，内戦，地域間戦争あるいは難民問題などが生じているのである。

　20世紀は，内戦・地域紛争などによって難民が増大するという特徴があった。第二次世界大戦後も旧ソ連，東欧諸国を追われたドイツ追放民，旧ソ連などの共産党支配から逃れた難民，さらにはアルジェリアの独立戦争，インド・パキスタン戦争，ナイジェリアでの内戦，ルワンダの紛争，ボスニア紛争，アフガニスタンの内戦，2006年のイスラエルによるレバノン侵略などによって，多数の難民を生み出した。これらの難民は，各国に散らばり多民族・多人種国家を形成する一因になったのである。

1-4　20世紀世界と21世紀の課題

　今日における国際政治・経済のシステム転換は，いわゆるアメリカの「覇権」力が後退していることを示している。アメリカは「覇権」システムの維持のためにアメリカ・ドルの国際通貨としての機能を強化しようとしてきた。さらにアメリカは，1991年の「湾岸戦争」で「多国籍軍」を組織し，またイラクへの戦争を行ってきたのである。日本はアメリカの「覇権」システムを支える有力な支持国であり，同盟国となっている。すなわち日本は国際社会では独自の

政策・提案を行わないアメリカ追従国になっている。いわば日本外交の選択は「脱亜入米」である。しかし日本はアメリカ追随政策をとっているからといって、軍事力を強化して国際社会で認知される政策が必要なわけではない。むしろ今後の日本は、アメリカとの同盟関係よりも、アジア諸国との関係を深めることによって独自の政策・提案が可能な状況をつくりだすことを求められる。こうした求めは ASEAN 諸国からも提起されている。もちろんアジアとの共生は、日本が主導権を握ることではない。日本が主導権を握ろうとすれば再びアジアでの緊張関係は深まるとともに日本への警戒心が強くなる。日本は単なるアジアの一員としての地位でよいのである。

20世紀は、科学技術の発展、巨大な消費文明の進展、交通・運輸・情報手段の発展、人口の急速な増加などとともに、資本主義体制の優位性が確保された世紀であった。また20世紀は、なによりも戦争の世紀であり、平和の達成よりも戦争の継続の世紀であった。戦争の要因は、イギリス、フランスなどの旧宗主国による領土獲得とその再分割、市場の拡大であった。ドイツ、イタリア、日本の侵略戦争は、ファシズムや軍部独裁が支配するなかで行われた。アメリカ、イギリスなどの連合国の戦争は、資本主義的民主主義を守る目的もあったが、総体としては帝国主義的領土拡張要求が基軸にあった。したがって21世紀には、侵略・領土拡張を求めない環境の形成が求められる。すなわち戦争の否定である。

20世紀はアメリカが覇権を握った世紀であったが、その覇権の背後には抜きんでた政治力・経済力さらには軍事力がある。20世紀に入って科学技術および生産力の急速な発展があった。この科学技術の発展は、一面では資本主義の社会主義に対する優位性を確保した要因となった。20世紀初めに登場した「社会主義」国家は70数年の歴史をもって解体した。解体要因の一つは資本主義諸国との生産力発展の相違にあった。こうして資本主義システムは20世紀末になっ

て優位性を確立し，全世界的な規模で採用されていった。

　資本主義的生産力が発展した要因には，科学技術の発展だけでなく市場の拡大があった。市場の拡大は，所得の向上とともに絶対的市場拡大すなわち人口の増大があった。20世紀の後半は急速な人口増大があり，世界人口は60億人を超え，資本主義的な市場拡大を支えた。しかし人口増大はまた貧しい国と豊かな国との経済格差拡大をもたらす要因ともなった。人口増加は，貧しい国での紛争を引き起こし地域間戦争の一因ともなった。いわば20世紀は，アメリカの覇権が確立するなかで資本主義発展，科学技術発展，人口増大という現象が生じ，同時に戦争が継続する世紀であった。資本主義の発展は，新しい科学技術を生み出し，新しい商品・製品をつくりだし，世界の隅々まで市場を拡大した。その意味では資本主義の生命力は，商品や市場を「創出」することによって繁栄を築いてきたことにあるといえる。

　20世紀は戦争の連続であったが，その戦争によってあらゆるものが「破壊」された。戦争は，殺し合い，軍事施設の破壊だけでなく，人々の暮らし・伝統・文化なども破壊してきた。いわば20世紀は，資本主義による「創出と破壊」の世紀であったといえる。資本主義のシステムは「社会主義システム」よりも生産力発展にとって優位性があるとしても，未来永劫にわたって存続するシステムであることを意味しない。未だに人類は資本主義に換わる新しいシステムを見いだしていないだけである。それは経済学をはじめとした社会科学の怠慢である。したがって21世紀は，「創出と破壊」の世紀から人々の生活・文化・伝統・歴史などを取り戻すべき課題を負っていることになる。その意味では21世紀は「回復・再生」の世紀として位置づけることが重要になる。経済学は新しい経済社会の将来像を描かなければならない課題を負っている。

第2章　WTOと地域主義の進展

2-1　WTO発足の意義

　WTO（World Trade Organization：世界貿易機関）は1995年，21世紀の貿易システムの構築を図る目的で設立され，GATT（General Agreement on Tariffs and Trade）の加盟国をはるかに超えた国際機関となった。GATTは貿易および関税に関する国際協定であり，国際的な強制力をもたない組織であった。WTOは，貿易，関税に関する協定はもちろんのこと直接投資，知的所有権の保護，環境保全，電子商取引，紛争解決のためのシステム改革など多様な内容をもった国際機関である。

　WTOの閣僚会議は2005年12月に香港で開催された。会議は新多角的通商交渉＝新ラウンドの締結を目指したが合意にいたらなかった。合意にいたらなかった主因は，先進諸国と発展途上諸国の対立であり，農産物貿易をめぐる先進資本主義諸国間および発展途上諸国間の対立であった。WTO閣僚会議は，カタールのドーハで開催した会議での「ドーハ発展アジェンダ」を受けてのものである。ドーハ会議では，農業，サービス，非農業製品に関する市場アクセス，知的所有権，政府調達の透明性，紛争解決，貿易と環境，電子商取引などの合意をめざした作業プログラムを実施することを採択した。そのドーハ会議から5年を経ても依然としてWTOの閣僚会議では，交渉がまとまらなかった。

　WTO閣僚会議は，メキシコのカンクンでも開かれた。前半のアメリカ・シアトルの会議では，反WTOの環境保全グループ，反多国籍企業グループなどの大規模デモがあり，自由貿易を望まない

人々が世界に多数存在することが明らかになった。カンクン会議ではシアトルほどの大規模デモは生じなかったが，それでも反WTOを唱える人々が集結した。さらに2005年12月の香港で開かれた閣僚会議でも市民団体あるいは「フェアトレード」を求めるNGO，韓国の農民などが大規模な反WTO運動を展開した。こうした反WTOおよび反グローバル化運動は，WTOの枠組み決定に一定の抑制効果をもったが，それ以上に多くの発展途上諸国が，WTOの新ラウンド交渉に反対の立場を明確にしたのである。

　GATTは，これまでにディロン・ラウンド，ケネディ・ラウンド，東京ラウンド，そしてウルグアイ・ラウンドなどの貿易交渉を通じて自由貿易へのステップを進めてきた。とくに1994年に終結したウルグアイ・ラウンドは，農産物貿易の自由化，知的所有権やセーフガードなどの協定を締結し，WTOに改組する枠組みを承認したのであった。WTOに比してGATTには，発展途上諸国の意見反映の場がほとんどなかった。これまでの発展途上諸国は，UNCTAD（国連貿易開発会議）を通じてその置かれた貿易状況について意見を述べるにすぎなかった。GATTは単なる「協定（agreement）」にすぎず，多くの発展途上諸国が加盟していなかったからである。今日，WTOの加盟国は150ヵ国を超えている。WTOは原則として全会一致で決定することになっている。したがって閣僚会議といえども発展途上諸国の賛同なしにはなにごとも決めることができないのである。

　これまでのWTO閣僚会議に，先進諸国も発展途上諸国も，それぞれ統一した考え方をもって臨んできたのではない。ブラジル，アルゼンチン，タイなどの農業国は農産物の市場開放を要求し，インドは輸入障壁の維持を要求していた。したがって発展途上諸国の要求は，先進国に対して統一したものでなく，むしろ個々バラバラの状況であった。また先進諸国もWTOの会議に統一した態度で臨ん

でいるわけではない。2008年「ドーハ発展アジェンダ」の最終決着を求めて153の国・地域の閣僚会議がジュネーブで開催された。この会議においても先進国と発展途上国の利害対立が顕著になり，加盟国の合意は得られず，問題が先送りになった。

　日本や EU は農業分野において完全市場開放を行う政策に依然として躊躇している。とくに日本は，コメの市場開放さらに関税率引き下げに対して消極的な姿勢をとり続けている。さらに日本は，WTO を基軸とした多国間貿易交渉から，アジアとりわけ ASEAN（Association of South-East Asian Nations）との間の地域間貿易および FTA（自由貿易協定）締結の 2 国間貿易交渉へと軸足を移そうとしている。このように先進諸国，発展途上諸国とも WTO の舞台ではそれぞれ異なった国民的利益を代弁する姿勢を貫いているのである。

2-2　WTO の新しいシステム

　WTO は，新しい貿易システムの構築を目指しているにもかかわらず，各国がなぜ原則通りの貿易システムを承認しないのであろうか。WTO は前述したように単なる貿易の枠組みから，投資ルール，知的所有権，環境保全，電子商取引など多角的な国際経済ルールの確立を目指している。このようなルールの設定は，先進諸国とりわけ多国籍企業などの巨大企業にとって有利な市場構成となる。発展途上諸国の反 WTO の根拠の一つは，多国籍企業による知的所有権の保護の問題である。多国籍企業による知的所有権保護が強化されれば，発展途上国はこれまで培ってきた生産システムあるいは伝統的な生活が脅かされる。たとえば医薬品においてすべて知的所有権・特許の付与が承認されれば，多くの発展途上諸国では民間薬などの生産ができなくなるばかりでなく，生産しようとすれば多国籍企業から高い特許料を請求されることになる。発展途上国は WTO

ルールの浸透によって地域産業・地場産業，地域経済が崩壊する危険性を指摘する。

　アメリカ企業であるモンサントは，遺伝子加工した種子を買う農民に次年度の穀物生産のための種子を残さないという合意をとっている。アグリビジネスによる遺伝子組み換え種子が全世界に普及すれば，貧しい農民も種子を買わなければならなくなり，種子を買う余裕もない農民にとっては，農業を続けることができなくなる。WTOは発展途上諸国の現在の社会・生活システムを破壊するだけでなく，小農民あるいは小生産者の生活そのものを否定し，さらに巨大企業の利益の拡大につながる可能性が高い。したがって発展途上諸国は，反WTO運動を展開することになる。

　多国籍企業による新規技術開発は，環境破壊をもたらすおそれのある商品であっても，WTOルールを設定してしまえば全世界に浸透することが可能である。さらに知的財産権（IPR）はアイデア，芸術的創作，技術的改変，市場販売手段（ロゴ，商標など）に対して所有権と法的保護を与えることになる。現在先進国の企業・個人は世界の特許の97％を所有しており，アメリカがその50％以上を占めている。そうなると知的所有権の保護とは先進国とりわけアメリカ企業の特許を保護することになり，発展途上諸国は莫大な特許料の支払いを余儀なくされる。WTOルールの浸透は，発展途上諸国の経済発展どころか先進国の僕になる危険性をもっている。したがって発展途上諸国の運動は，アメリカをはじめとした先進資本主義諸国による世界市場支配・グローバル展開の批判でもある。

　WTOが目指しているシステムは，いわゆる市場万能主義の世界である。市場万能主義の世界は，今日では多国籍企業の戦略でもある。いわばWTOは多国籍企業の世界大での生産，流通，販売を支えるシステムの構築を目指していることになる。ところがWTOはGATTと異なって先進国も発展途上国も加盟している。さらに

2002年には中国も加盟した。WTOの取り決めは、すべての国民経済・地域を満足させる内容をもたなければならない。しかし現実的にすべての加盟国の要求を満たすことは不可能に近い。そこでWTOの運営は、先進国と発展途上国の利害対立と妥協を繰り返さなければならないのである。先進国間においてもアメリカとEU、日本は、それぞれ国際関係の対応が異なっている。日本はWTOの貿易システムを最も忠実に実行しようとしている。しかし日本は、コメをはじめとした農業生産、水産加工、繊維生産などの零細・小規模・競争力の低い産業部門を簡単に切り捨てられるような経済状況にはない。むしろ不況の長期化、失業者の増大などの経済状況下では、弱体化した産業でさえも維持しなければならない。したがって日本の立場は、一方で市場開放政策を推進するとともに、他方で弱体化した産業の延命政策を追求しなければならない、という二元的政策を講じる状況にある。こうした日本の状況は、多かれ少なかれEU、アメリカも抱えている問題である。そこで先進国といえども合意できるものと、合意できない内容があり、先進国間あるいは発展途上国間で利害対立を生むことにつながっている。

　発展途上諸国は、WTOに対してどのような対策が必要であろうか。WTOは多国籍企業の世界大での活動を補完するシステムである。1974年の国連総会は、発展途上諸国が中心となってNIEO (New International Economic Order：新国際経済秩序) 宣言を採択した。ここでの発展途上諸国は先進国と対等、平等、内政不干渉、平和、相互協力、互恵などの原則の確立とともに、自国資源の恒久主権化、多国籍企業の行動規制を訴えた。発展途上諸国が多国籍企業の行動規制を提起したのは、直接投資によって発展途上国の経済が攪乱され、地域・地場産業が崩壊するとともに、伝統的な生活・習慣までも崩れ、さらに政治体制までも干渉される事態が進行していたからである。事実ASEAN諸国でも直接投資の規制を行うことは、政

治の主要課題であった。インドは直接投資の規制の強化を行ってきた。

　しかしアメリカ・ドルは変動相場制に移行して以降，ドル流通が拡大し，同時に直接投資も増大していった。アメリカ，EU あるいは日本企業の直接投資の拡大は，受け入れた地域・国民経済の飛躍的な発展をもたらした。アジア NIES が代表的な地域である。アジア NIES の「成功」によって，発展途上諸国は直接投資の規制から直接投資の積極的受け入れ政策に転換した。インドですら1990年代はじめに直接投資受け入れ政策に転換する。

　こうして1990年代になると多くの発展途上諸国は，直接投資の受け入れあるいは多国籍企業の受け入れ政策を採用することになる。おりしも旧ソ連・東欧諸国の共産党政権の瓦解は，発展途上諸国の先進国政権へのすり寄り政策を促した。発展途上諸国の直接投資および多国籍企業の受け入れ政策は，WTO の内容とマッチしていたのであり，WTO への加盟を促進させたのである。

　メキシコの WTO カンクン会議では，ドーハ会議と異なって新しい貿易・投資システムを構築することができなかった。新多角的通商交渉は次の閣僚会議に委ねられたのであるが，今日でも依然として解決の方向が定まっていない。それは先進諸国の貿易・投資システムが，多角的システムよりも，２国間あるいは地域間システムの構築に向かう可能性が大きいからである。中国は，日本との FTA（Free Trade Agreement：自由貿易協定）締結を提起し，さらに ASEAN 諸国との FTA 締結に向けてのスケジュールを実施しようとしている。韓国も日本および中国との FTA 締結を推進している。韓国はアメリカとの FTA 締結を決定した。韓国はアメリカに対して牛肉・農産物などの市場開放を約束し，さらに自動車輸入においても譲歩している。

　中国，韓国の FTA 交渉の進展により，日本も遅まきながら FTA

締結が新しい貿易システムであるとの認識に到達した。シンガポールとの FTA 締結にはじまり，メキシコとの FTA 締結，ASEAN との FTA 締結計画あるいは EPA（Economic Partnership Agreement：経済連携協定）締結，中国との FTA 計画など APEC を軸とした FTA・EPA 締結に乗りだしてきている。そうなると WTO は，新しい通商システムの構築を目指す意味がなくなる。むしろ WTO は先進国と発展途上国との対立の場として，また反 WTO・反グローバリズムを掲げる発展途上諸国および先進諸国の市民運動，環境団体あるいは農民などの運動の場として象徴的な存在になる可能性が大きい。WTO の掲げる自由貿易は，21世紀の新しい貿易・投資システムではないということが，各国の追求する国際関係から明らかになってきている。したがって日本にとっては，WTO の原理を忠実に実行するのではなく，少なくともアジアとの連携を中心とした政策への転換が課題になってきたのである。

2-3 WTO の展開と地域主義の台頭

WTO への加盟にともなう世界貿易システムの進展は，日本の産業構造の転換を促し，企業の国際的経済関係を一層深めていくことになった。

WTO は加盟国に罰則を課すことのできる規定をもった国際機関である。アメリカの鉄鋼などの輸入規制あるいは保護主義的政策は，WTO 条項違反であるとして，EU あるいは日本が提訴するという事態も生じた。これまでのアメリカは，自国産業の維持のために「アメリカ通商法」を盾とした対外貿易政策を行ってきた。その内容は日本あるいはアジア諸国からの事実上の輸入制限であり，自国産業のための保護主義政策であった。ところが WTO は，「自由貿易主義の旗手」を目指したアメリカさえも EU，日本あるいはアジ

ア諸国から提訴される事態が生じている。WTO の理念は自由貿易の推進であり，サービス貿易，直接投資などの自由取引の保証であり，さらに大企業やアグリビジネスによる世界大での活動を保証するシステムの構築を目指している。したがってアメリカの通商政策は，必ずしも WTO の精神とは一致しないことが明らかになった。

しかし WTO は，今日の経済のグローバル化現象を支える象徴的なシステムとなっている。WTO は，いわば市場万能主義あるいは新古典派経済学モデルの世界大での適用であり，発展途上諸国も含めて資本，商品，労働などの自由な移動によって各国が「均衡的」に発展する「理想のシステム」を目的としている。

日本はこの WTO システムに適応する経済体制を構築することが使命であるかのように国内・国際経済関係の整備を行ってきた。小泉内閣が提示した「構造改革」は，まさに WTO システムの適用政策である。ところが WTO に加盟している先進諸国および発展途上諸国の実態は，一方で WTO の規約に則りながら自由貿易を推進し，他方で自国産業の保護あるいは差別的な地域主義をより強固に行おうとしているのである。

地域主義は，EU，NAFTA，ASEAN，MERCOSUR（南米共同市場）などの経済統合の推進によって明らかになっている。EU は 2002年の EURO の流通によって経済統合の進展・地域主義を一層推進しようとしている。さらに EU はポーランド，チェコ，ハンガリー，スロバキア，スロベニア，ルーマニア，ブルガリアなどの旧東欧諸国の正式加盟を承認した。EUはこれらの新規加盟国を合わせると人口5億人で NAFTA を凌駕し，アメリカの GDP に匹敵する経済規模となる。EUは，まさにアメリカに対抗する，あるいは WTO への挑戦ともいえるような地域経済統合・地域主義の内容をもって進展している。

アメリカは EU に対抗する地域経済圏として1994年に NAFTA を

形成した。アメリカ，カナダ，メキシコの3ヵ国によるNAFTAは，人口4.2億人，2006年のGDP 15兆3000億ドルの巨大経済圏である。アメリカの自動車，電子・電機産業は，1990年代後半から競争力を増し企業利益の拡大もあったが，その要因の一つとして，メキシコでのマキラドーラ（保税加工区）利用によって安価な部品が供給されるようになったことがあげられる。20世紀末の自動車，電子・情報産業などでのアメリカ経済の「一人勝ち」は，世界各国が蓄積しているアメリカ・ドルの還流による資金規模の増大，中国・東南アジア諸国などの低価格商品輸入によるコスト低下および消費の拡大，メキシコの低賃金労働力の利用によるコスト削減が主因となっている。またアメリカは2003年に中米4ヵ国とFTAAの締結を行い，さらに北・中央・南アメリカ34ヵ国と2005年までにアメリカ自由貿易地域を発足する計画であった。FTAA計画はベネズエラ，ブラジルなどが反対して条約締結に至っていないが，アメリカの政策は，日本をはじめEU，東南アジア諸国に市場開放・自由貿易の推進などのWTOを基軸とした市場万能主義を浸透させ，他方でNAFTA・FTAAなどの地域主義を推進しようとする二面政策である。

　21世紀の世界貿易システムは，日本が忠実に実行しようとしているWTOシステムに収斂される方向にはない。したがってWTOシステムを全面的に受け入れようとする日本の対外政策は，転換が必要なのである。

第3章 アメリカ経済の光と影

3-1 アメリカ経済成長の軌跡

　1980年代にはじまったアメリカの市場主義的経済政策は，やがて1990年代になってアメリカ経済の「一人勝ち」状況を生みだすこととなった。アメリカ・レーガン政権は，一部保護主義的政策を取り入れながら，総体として市場開放政策を追求していく。アメリカの市場開放政策は，弱体化したアメリカ・ドルの国際通貨としての機能を強化することであり，同時にアメリカ企業の多国籍企業的拡大および外資の導入であった。したがってアメリカの市場開放政策は，自国を直接・間接投資受け入れの最大市場として整備することであった。アメリカは市場開放政策を追求しながら，高金利政策を採用する。高金利政策は，オイルダラーをはじめとした世界各国に蓄積されたドルをアメリカに還流させる政策であった。またアメリカの市場開放政策は，ヨーロッパ，日本企業のアメリカへの直接投資を増大させる契機となった。アメリカは，世界各国から大量のドル資金を還流させ，さらに多国籍企業の対内投資を拡大することによって，経済成長のための条件を形成していったのである。こうしてアメリカは，1990年代からの持続的成長を可能にした。アメリカは，ヨーロッパ，日本が長期不況・停滞が続くなか，1990年代さらに21世紀に入ってからも持続的に成長していった。

　1974-75年恐慌は，先進資本主義諸国を同時に巻き込んでいった。これまでの資本主義の歴史は，1873年「大不況」，1929年「世界恐慌」が代表するように一国の恐慌のはじまりが資本主義諸国全体に波及する構造であった。それはいわゆる資本主義システムが，外国

貿易・国際分業，資本移動を通じて世界の隅々まで浸透したことを意味している。一国の経済状況とりわけ「覇権」を確立した国民経済は，世界の貿易，資本移動にまで影響したのである。今日の世界経済は，アメリカが「覇権」国であり，したがってアメリカの経済成長は，ヨーロッパ，日本さらにはアジアなどの発展途上諸国にまで影響するはずである。ところがヨーロッパ，日本はアメリカの成長に同調しないばかりか，むしろ成長が鈍化ないし停滞している。唯一東アジアのみがアメリカの成長の「恩恵」を受ける状況が続いている。

　今日の世界経済は，世界恐慌が生じた30年前の世界と異なった構造になった。世界経済の構造変化は，1974-75年の恐慌以降，いわゆる石油ショックを契機として生じたのであった。先進資本主義諸国は，1974-75年恐慌を乗り切るための経済政策が異なっていた。アメリカは相変わらず経済構造の改革に手をつけるのではなく，ヨーロッパ，日本の改革を待つことに終始した。ヨーロッパはイギリスの EU 加盟に代表されるように経済統合の推進によって恐慌からの脱出を図ろうとした。日本は技術革新，合理化の推進により，産業構造の転換と国際競争力の増大政策をとった。先進資本主義諸国の恐慌回避策は，それぞれ異なっていた。共通の経済現象は，インフレーションの進行であった。当時は不況の長期化のなかでのインフレーションの進行で，スタグフレーションという新語が生まれた。

　ところが今日の先進諸国は，ヨーロッパ，とりわけ日本の不況をみると，インフレーションが進行しているのではなく，いわゆるデフレーション現象となっている。ここでのデフレーションは，貨幣数量説あるいは通貨学派などが主張する通貨量縮小にともなう貨幣現象としての価格下落ではなく，不況下での価格低下および輸入商品の価格下落などによって生じている現象である。したがって今日

の国際経済の課題は，なぜアメリカ経済およびアジア地域だけが経済発展し，ヨーロッパ，日本では長期不況，停滞が余儀なくされているのかを検証することである。すなわち，先進国経済が同調しない要因については，資本主義のメカニズムの変化と今日の特殊的な状況との両面からの分析を必要としているのである。

3-2　1980年代のアメリカの対外政策

　1980年代のアメリカは長期不況のなかでレーガン政権が誕生した。第二次世界大戦後のアメリカは，共和党，民主党による政権の交替が繰り返されてきた。レーガン政権の前はカーター民主党政権であり，「双子の赤字」に示されるような経済的混乱が続いていた。レーガンはカーターとの大統領選挙に勝利する。共和党政権は「強いアメリカ」の復興を掲げ，民主党政権のもとでの「弱者」を救済する経済政策からの転換を図ろうとしたのである。レーガンの掲げる政策は，いわゆる「自由主義・新保守主義」といわれるものであった。

　共和党政権の政策は，第1に，インフレーションを抑制すること，第2に，公共支出，社会保障費などを削減し，「小さな政府」を実現すること，第3に，企業および高額所得者に対して減税を実施し，企業の生産・供給を強化する体制を形成すること，第4に，政府による規制を緩和し，企業間だけでなく個人の競争を増大させること，第5に，軍事力を強化し，アメリカが世界の憲兵としての地位を確保すること，であった。レーガンの政策は，経済的には合理的期待形成説といわれる新古典派経済学モデルを拠り所としたが，同時に軍事力の増大という経済外的圧力を拡大する政策も採用したのである。レーガン政策は，ヨーロッパの先進資本主義諸国でも課題となった産業構造の転換，金融システムの整備，さらに社会保障の見

なおし・削減である。具体的な政策は，企業・個人所得税の減税，政府による各種の規制緩和，労働組合と経営者間の関係の転換，個人所得税政策における最高税率の70％から50％への引き下げ，規制緩和策での企業の吸収・合併促進，競争の制限緩和，労働政策での労働側のストライキなどの手段の抑制などであった。

レーガン政権のもとで強いアメリカの復活すなわち「覇権」の維持のための政策は，ドルの国際通貨としての機能を維持する強化策であった。アメリカは国内企業の競争力低下，ドルの価値下落を阻止するために，ドル相場の事実上の切り上げ政策を採用する。資本主義の歴史から見れば国際収支赤字国は，国際競争力の低下を補うために，輸出の拡大策，輸入の抑制策を講じる。国際収支の黒字化を目指す政策は，一般に経常収支の黒字化である。さらに輸出の増大のためには自国通貨建て外国為替相場を切り下げる。ところがアメリカは，ドルの事実上の為替相場切り上げを行ったのである。それは見せかけだけの「強いドル」システムの構築であり，アメリカへのドル還流政策であった。

アメリカの国際収支黒字化は，経常収支の黒字でなく，資本収支の黒字であった。アメリカの国際競争力の増大は，ドルの切り下げによっても実現しなかった。またアメリカ・ドルが切り下がれば，アメリカへの資金移動を小さくし，ドルが切り上がれば，ドル買いが増大するとともに，アメリからの資金流失を加速化する。しかしアメリカは，高金利政策を採用することによって，ドルの大量還流を可能にしたのである。さらにアメリカは，ドルの為替相場維持によって大量のドル資金流入を促し，国際収支均衡を図ろうとしたのであった。

1980年代のアメリカは，財政収支の悪化，国際収支の悪化といういわゆる「双子の赤字」を高金利によってカバーする政策を採用した。国外からの大量の流入資金は，アメリカ企業によって技術革

新・設備投資資金として利用され，競争力増大に寄与することになった。また高金利政策は，国内でのインフレーションを抑制することにもなった。アメリカは国際経済政策を通じて国内経済の立て直しをはかったのである。

　21世紀に入って日本の小泉政権は，1980年代のアメリカの後追いのような政策を展開する。「バブル経済」のツケをどのようにして振り払うか，ということからである。しかし日本は，アメリカの政策をそのまま取り入れることができるような状況にはなかった。日本の1980年代は，アメリカ国際政策の転換のなかで，国際経済関係の強化策すなわち国内市場開放と海外進出拡大政策を採用する。また1985年の「プラザ合意」を契機としたアメリカ・ドルの切り下げは，日本企業の直接投資を拡大することになった。さらに日本企業は国内での設備投資を拡大する政策よりも，海外に，あるいは国内の土地・株式投機に向かったのである。日本企業は極端なドル安のもとで，海外金利差を利用して資金を海外市場で調達した。当時はエクイティーファイナンスと呼ばれる一種の転換社債をロンドン，ニューヨークなどの国際金融市場で発行し，資金を調達した。調達した資金は，投機資金となり，設備投資資金として利用されたのはその一部にすぎなかった。企業は株式投機，土地投機などによって一時的に巨額の利益をあげた。しかしやがて土地価格，株式価格の下落は，企業にとって調達した資金の返済を困難にした。それが今日の長期不況をまねく要因の一つとなった。したがって日本は，アメリカのように国外からの大量の資金導入によって経済成長を可能にする政策を採用することができず，むしろ国外への資金移動が増大するという状況となったのである。

3-3　経済成長の要因と影

　1990年代アメリカの経済成長は，次のような要因によっている。
　第1に，1980年代のアメリカの高金利政策は，アメリカ・ドル外国為替相場の切り上げをもたらした。しかしその結果，アメリカ産業の国際競争力を低下させることになり，貿易収支の赤字が拡大した。そこでアメリカは，1985年の「プラザ合意」でドル外国為替相場の切り下げを先進資本主義諸国に承認させた。ドルの切り下げは，ヨーロッパ，日本などからの直接投資を増大させた。今日，アメリカの製造業の27％は，外国からの直接投資による生産である。
　第2に，ヨーロッパ，日本などの多国籍企業は，アメリカ・ドルの切り下げによってアメリカへの直接投資を増大させた。ドルの切り下げは，ヨーロッパ通貨とくに当時の西ドイツ・マルクさらに今日の EURO，日本・円表示の直接投資額を減少させる。ヨーロッパ，日本企業による直接投資の増大は，アメリカ産業・企業に技術移転をもたらすことになった。一般に多国籍企業による先進国間相互浸透は，技術優位にある企業によって行われる。ヨーロッパ，日本の多国籍企業によるアメリカへの進出は，技術優位部門を主体としており，その結果アメリカ産業総体の技術水準を引き上げ，競争力の増大につながった。とりわけそれは，自動車などの運輸機械，情報産業部門で顕著であった。
　第3に，韓国，台湾，香港などの東アジア諸国・地域は1970年代から急速な経済成長期に入った。またタイ，マレーシア，インドネシアなどの ASEAN 諸国も1980年代になって高い経済成長を続けた。さらに中国は1980年代からの開放政策，輸出志向型経済体制への移行によって高率の経済成長を持続している。こうした東アジア諸国・地域の経済成長は，アメリカへ安価な製品・部品の供給を行

う体制の構築となった。アメリカ企業の安価な製品・部品の輸入は、コスト低下を可能にした。さらに安価な製品の大量輸入は、国内需要を拡大するとともに、労賃の上昇を抑えることにもなった。

第4に、1980年代後半からITに代表される情報・通信産業が飛躍的に拡大した。アメリカは情報・通信産業をいち早く取り入れ、新規企業の勃興も盛んであった。しかし日本あるいは後発の韓国、台湾などでの情報産業、とりわけ半導体生産部門、パーソナルコンピューター部門などの発展は、アメリカ企業の競争力を凌駕することにもなり、アメリカ企業は危機に陥った。ところがアメリカは、1980年代後半以降日本などからの半導体輸入を制限し、自国産業・企業の温存を図った。さらに旧ソ連・東欧諸国の共産党政権の崩壊は、大量の技術者の流出を招き、一部の技術者をアメリカが受け入れた。こうしてアメリカ企業は、保護主義的政策と世界各国からの技術者確保によって一時的に国際競争力を取り戻したのであった。

第5に、アメリカは、カナダ、メキシコとNAFTA（北米貿易協定）を締結した。1995年にWTOが発足し、世界貿易は自由貿易システムの段階に入ったかのようであった。ところがアメリカはNAFTAを締結することによって、地域主義も採用することになった。とりわけNAFTAに加盟したメキシコは、マキラドーラにあらわれているように安価な労働力を用いた部品供給基地として位置づけられることになった。アメリカ自動車産業などは、メキシコから供給される安価な部品によって再び競争力を取り戻した。

第6に、1990年代はEUヨーロッパ、日本の経済成長が鈍化し、アメリカの成長が際だっている。EUは経済統合を優先させる政策をとってきた。EUは統合のための財政支出の均衡化、インフレーションの抑制、賃金上昇の抑制、国際収支均衡政策などを採用した。その結果、総体としてEUの経済成長率は鈍化することになった。また日本は「バブル経済」の破綻によって長期不況を余儀なくされ

ている。EU，日本の経済成長の鈍化は，アメリカのみが経済成長を達成し，「一人勝ち」の状況をつくりだしたのであった。

第7に，1990年代は石油をはじめとした一次産品価格が安定したことである。とくに石油は IEA（国際エネルギー機関）加盟各国による代替エネルギー政策，省資源化政策などが功を奏し，輸入の減少となった。さらに先進資本主義諸国の一次産品の輸入停滞は，発展途上諸国による一次産品価格の引き上げを困難にしたのであった。一次産品の価格硬直は，主たる輸入国である先進資本主義諸国のコストを安定させることになったし，インフレーションの進行を阻止することにもなった。アメリカも同様である。しかし一次産品輸出国である発展途上諸国は，輸出価格の低迷および輸出量の低下によって，ドル収入が減少し，その結果，輸入の削減を余儀なくされた。一次産品輸出国は一層経済的苦境に立たされたのである。

第8に，1990年代のアメリカは，財政の均衡化政策を採用した。軍事費の削減，各種補助金の抑制などの政策は，アメリカ財政を均衡化させることになった。財政の均衡化は，アメリカ財務省証券の信頼度を増すことになり，アメリカへの証券投資を拡大することになる。また世界的な低金利政策は，アメリカの金利が相対的に高い現象となり，アメリカへのドル還流を促したのであった。

アメリカの経済成長は，2001年9.11事件の後も継続している。この経済成長の背景には次のような問題点が浮かび上がっている。

第1に，アメリカ「覇権」維持の象徴であるドルの国際的地位である。1998年から今日までアメリカ・ドルはヨーロッパ，アジア通貨に対して事実上の切り下げが続いている。EU（EURO）に対しては50％，アジア通貨に対しては27％の切り下げとなっている。これだけドルが切り下がればアメリカ企業の競争力は増大するはずであるが，現実はそうはなっていない。

第2に，2000年にブッシュ・Jr. 政権が誕生して以来，アメリカ

の国際収支は不均衡が拡大している。とくに輸出の伸びは小さく，輸入が増大し，貿易収支の赤字額の拡大が顕著である。2006年の貿易赤字は，7800億ドルの巨額になっている（「アメリカ経済白書 2007年」『エコノミスト臨時増刊』毎日新聞社，参照）。輸入の拡大は中国，東アジアなどからである。これらの国・地域からの製品・部品輸入はアメリカのインフレーション進行を抑制し，企業の直接コストを引き下げることになった。さらに外資の受け入れとともに，アメリカ企業によるヨーロッパ，アジアなどへの直接投資は拡大しているが，アメリカからの輸出の増大に結びついていない。

　第3に，ヨーロッパ，日本企業によるアメリカへの直接投資の拡大は，アメリカ企業に技術移転をもたらし競争力を増大させたが，半面アメリカ市場への外国企業の浸透によって，一部アメリカ企業の競争力の相対的低下をもたらしている。

　第4に，ドルの大量還流は，アメリカ金融市場が外資に依存するシステムとなっていることを意味する。これまでのアメリカ金融産業は，新しい「商品」開発によって外資導入を促進し，金融大国を形成してきた。しかし外資が流入しないことになれば，アメリカの金融システムは崩壊し，さらに金融に依存する経済構造も破綻することを意味している。

　第5に，一部のIT産業を除いてアメリカ企業の技術発展が停滞していることである。技術発展は，経済成長をもたらすが，停滞は経済成長を鈍化させることにもなる。一部の産業だけの技術開発は，アメリカのような巨大化した経済システムに与える影響は小さい。したがって多くの産業で技術開発が進まないならば，成長の限界につながることになる。

　第6に，東アジアからの安価な製品・部品輸入は，インフレーションの進行を抑制し，さらに企業のコスト低下を可能にした。しかしアジアからの輸入に依存する体制は，不安定な状況にある。ア

ジア地域で中国を中心とした経済統合が進展すれば、さらに不安定さは加速する。

第7に、ブッシュ・Jr.政権のもとで再び軍事力を拡大し、「強いアメリカ」を維持しようとする政策を展開している。アフガニスタンおよびイラク戦争は、アメリカの単独行動主義のあらわれであり、兵器の性能と更新を行う契機ともなっている。こうした軍事力の拡大は、アメリカの財政赤字を増大させ、やがては増税あるいは社会保障関連費の削減をまねくことになる。どちらの政策をとるにしろ、軍事力の拡大は、アメリカの経済成長を阻害する要因となる。

第8に、1980年代からアメリカの所得格差が拡大していること、労働者の賃金上昇が抑制されていることである。一般労働者の賃金が抑制されていながら消費が拡大しているのは、外国からの安価な製品輸入が増大していること、住宅をはじめとした耐久消費財購入などでの過大なまでのローン適用である。こうしたシステムが壊れるならば、また一般労働者の所得向上が図られないならば国内市場の拡大は限界をもつことになる。

第9に、2005年以降の石油価格の大幅な上昇は、アメリカ石油企業に莫大な収入増をもたらすだけでなく、石油製品の価格上昇によって需要の減少となり、経済成長の停滞をもたらす要因ともなる。石油価格の上昇は、イラク戦争と密接な関係があるが、中国、インドなどの経済発展にともなう石油需要の増大も大きな影響を及ぼしている。さらに世界的な投機資金が、株価低迷、債券市場の混乱などによって、食糧、資源などの投機に向かっている。またアメリカは、2005年のハリケーンによる南部地域の被害によって石油精製設備に影響を受けている。このまま石油価格が上昇する状態が続けば、アメリカの需要が冷え込み、これまでの成長を維持することができなくなる可能性がある。

第10に、アメリカはFRB金利を高める政策を維持してきたため

に，東アジア，日本などからの債券購入・資金流入を確保してきた。資金流入は，アメリカの財政赤字を補塡し，また一部は投機資金としても利用された。東アジア諸国の貿易収支の大幅な黒字基調のもとで可能な現象である。東アジアあるいは日本が金利を引き上げることになれば，アメリカへの資金還流は減少する。また東アジア諸国が地域内国際分業関係を深め，さらに EU 市場との経済的関係を深めるならば，アメリカに対する市場依存は小さくなり，ドル資金還流も少なくなる。ドル還流メカニズムの崩壊は，アメリカの資金調達を困難にするばかりか，アジアからの豊富で安価な商品輸入を困難にする。

第11に，クライスラー社とダイムラー・ベンツ社の合併が白紙に戻され，両社は再び単独の企業として自動車生産を行う状況となった。アメリカの自動車企業は，NAFTA の利用あるいは外国自動車企業の合弁・提携などを通じて巨大な市場を確保してきたが，最近において日本企業あるいは中国企業などの新興自動車企業の追い上げにあい，苦境に立たされている。アメリカ多国籍企業の代表でもあった IBM 社のパソコン生産部門が中国企業に買収される事態も生じている。

第12に，21世紀の世界経済は，アメリカの個人消費の拡大に支えられてきた側面が強い。個人消費拡大の象徴は住宅需要である。しかし経済成長を支えてきた新規住宅着工は，今日マイナスに転じている。旺盛な住宅需要は一部低所得者向けの住宅資金融資によっても支えられてきた。最近こうした低所得者向けの住宅ローンの焦げ付きが顕著になり，新規住宅着工も減少してきた。いわゆるサブプライムローン問題の拡大である。アメリカ発の金融危機は，一部イギリスの銀行にも飛び火している。

アメリカの経済成長の光と影を列挙したが，アメリカの成長は安定したものではなく，むしろ不安定要因が増大しているのである。

3-4 対外政策の転換と金融システムの転換

　アメリカのこれまでの経済成長を支えてきたのは，高金利政策のもとで外国から資金が流入し，それが企業の設備投資資金あるいはM&A資金として企業の拡大に利用されてきたこと，および住宅需要など国内消費が拡大してきたからである。とくにアメリカはIT・情報産業といわれる分野での競争力が拡大するが，それには国外からの大量の資金流入策が大きく影響している。

　1980年代になってアメリカは，EU，日本などとの貿易摩擦を引き起こすようになる。アメリカは，企業の競争力低下を補うために保護主義政策を採用したのである。したがってこの時期のアメリカは，EU，日本に対して市場の一層の開放とくに金融市場の開放を求めながら，国内での保護主義政策を強化していくという，二面政策をとることになる。

　1980年代の国際競争力停滞のなかでとられたレーガン政策は，必ずしも強いアメリカの復活にならなかった。企業・個人減税は結果として財政収入を減少させることになったし，軍事力の拡大は財政支出を増大させることになったからである。アメリカの高金利政策継続のなかでヨーロッパ，日本などからのドル資金の還流は，アメリカの消費拡大を促し，さらに企業をして産業構造の転換を図る契機となった。こうした事態がアメリカ経済・企業全般に影響を与えて，その競争力の増大に結びつくのならば，国際関係における有効な政策となる。ところがレーガンの市場開放政策の追求によって国内市場もまた外国企業・商品の浸透を許すことになったのである。日本を含めた東アジアからの輸入増大が著しく，一部国内産業・企業の存続を危うくすることになった。また外国資金の流入は，アメリカ企業の買収・合併を可能にすることでもあった。同時に豊富な

ドル資金を利用してアメリカ企業は，多国籍的企業展開をめざして外国進出を拡大していった。アメリカ企業によるいわゆるグローバル展開の拡大である。

　レーガン政権は，ニクソン政権が採用した「ビナイン・ネグレクト」政策を踏襲し，同時にヨーロッパ，日本市場の一層の開放を要求していく。ところがアメリカは，輸入が増大し輸出の伸びが停滞することによって，再び保護主義政策をとらざるをえなくなっていく。日本との関係では自動車，半導体分野での貿易摩擦として生じた問題である。他方でアメリカは，各国に対して情報産業，金融，医薬，あるいは弁護士，公認会計士などの知的資格分野での開放も要求する。それが1995年のWTOの設立へのアメリカの積極的参加に結びついたのであった。アメリカは貿易自由化・市場開放政策を推進しながら，1994年にはNAFTAを発足させる。NAFTAはカナダ，メキシコとの貿易協定で，おもにカナダ市場の独占とメキシコの安価な労働力利用を目的としたものであり，アメリカ企業への安価な部品供給を可能にし，企業の再生，競争力強化に貢献することになった。

　アメリカの市場開放政策および大量のドル資金環流は，先進国企業間の合併・吸収を加速化することになった。企業間の合併・吸収いわゆるM&Aには，アメリカの巨大企業だけでなく，投資銀行，機関投資家なども参加した。これらの投資家は金融市場で巨額な資金を調達し，株式市場での公開株式買い付け（TOB）などによって企業を買収していった。この間，株式市場では株価が異常に値上がりしていった。金融市場の自由化はアメリカが各国に要請した市場開放政策の最も特徴的な政策であった。

　　1980年代の日本の都市銀行は，多額な預金を集め世界の巨大銀行ランクの上位に名を連ねていた。日本の銀行は，高度成長期の日本

企業に巨額な資金を貸し付けるいわゆる間接金融方式のもとで日本経済における地位を高めたのである。銀行は貸し付けのみならず，企業の株式保有さらには人的派遣などによる結びつきを強めることによって，企業のコントロールを可能にしようとした。こうして日本は旧財閥系企業を中心とした企業集団を形成したのであった。しかしアメリカの金融市場の自由化要求は，日本の巨大銀行の地位を危うくするものとなった。日本の企業は都市銀行からの借り入れによる資金調達方式から，株式の発行，社債とくに転換社債の発行，内部留保の拡大などによる自己資金調達方式に転換していったからである。バブル期の株価高騰は企業の資金調達を容易にするものであり，さらにロンドン，ニューヨーク市場などでの転換社債発行も巨額な資金調達を可能にした。しかし「バブル経済」は，日本企業をして銀行依存から離脱する契機にもなった。今日のいわゆる「勝ち組」といわれる企業は，いずれも設備投資，技術開発資金を自前でまかなえるようになっている。別の表現をすれば銀行依存から脱皮した企業のみが今日の日本経済の中心に位置しているのである。すなわち今日の日本企業の資金調達は，銀行依存から自己資金あるいは国際金融市場からの調達に転換しつつある。

　アメリカからの金融市場開放要求は，これまでの日本の都市銀行の安定的な基盤を打ち砕くことにつながった。さらに追い打ちをかけるように都市銀行は，建設，流通，不動産などの産業への巨額な貸し付けが回収不能になり，いわゆる不良債権を抱えることになった。日本の巨大都市銀行は，不良債権問題などを抱えて経営自体も継続できない状況下にあった。都市銀行は，富士，第一勧銀，日本興業によるみずほ銀行，三菱と東京，三和，東海，大和による三菱東京UFJ銀行，住友と三井による三井住友銀行の3行に集約されることになった。日本経済に占める銀行の地位は後退していったのである。それはかつての旧財閥系企業集団の枠を越えた銀行合併にあらわれているし，また銀行による企業への経営参加も縮小していることにもあらわれている。こうして大量の預金を獲得し，日本の高度成長

期を支え，1974–75年不況からの脱出を図る重要な役割を演じた都市銀行が，「バブル経済」後にこれほど短期間で経営不振になることなど誰も予想できなかったのである。また金融市場開放の重要な課題であった銀行，証券，保険などの垣根を取り払ういわゆる「ユニバーサルバンク」化は，都市銀行の地位の低下にともなって，また日本の株価の長期低下傾向のなかでいつしか後退していくことになった。

3-5　アメリカの石油戦略と資源政策

3-5-1　石油と戦争

　アメリカによるイラク戦争は，石油価格の大幅な引き上げをまねいた。かつて石油価格の上昇は，1973年の第四次中東戦争，1979年のイラン・イラク戦争による2度の石油ショックという状況で生じた現象であった。第一次石油ショック時は，石油価格が約4倍に上がり，第二次石油ショックにおいては3倍の価格上昇があった。今次の石油価格引き上げも戦争を契機としたもので，一時期1バーレルあたり140ドルを超えた。今回の現象を通じても，戦争と石油価格上昇は相関関係にあることが明らかになった。第二次世界大戦後多くのアメリカを中心とした戦争は，石油をめぐって行われたことになる。

　第四次中東戦争は，イスラエルとアラブ諸国の戦争であるが，背景にあるのはイスラエルのいわゆるシオニズム・拡張主義であり，パレスチナの領土の確認である。とりわけパレスチナの領土確定に関しては，アラブ諸国の支持を得てのものであり，大義があった。第一次石油ショックは，アラブ諸国による石油を武器とした，イスラエルを支援しているアメリカあるいはイギリスなどの先進資本主義諸国に対する譲歩の要求がその背景にあった。イスラエルの拡張

主義を食い止め，先進国によるかつての「帝国主義的」政策を阻止するために，パレスチナの独立によってアラブの「正当性」を訴えたのであった。それがアラブ産油国による石油価格引き上げ，生産量削減，輸出削減，さらには石油採掘権をはじめとした資源の自国主権確立の主張としてあらわれたのである。第一次石油ショックは，やがて1974-75年の世界恐慌のきっかけとなった。

　1974-75年恐慌は，アメリカの世界市場支配システムの変更をもたすものでもあった。その中心はアメリカ・ドルを基軸とした国際金融システムである。1971年までのアメリカは，まがりなりにも基軸通貨の地位を維持するために，アメリカ・ドルと金との交換を認めてきた。ところが NEP（ニクソン・ショック）を通じて金・ドル交換は停止した。さらに恐慌後は諸商品価格の上昇および石油価格の上昇により，石油輸入国の貿易収支の不均衡が拡大した。アメリカ・ドルは，金・ドル交換停止の結果として国際通貨としての地位を弱体化させた。しかし他方で，ヨーロッパ，アジアなどの発展途上諸国には，石油輸入代金の支払いのためにアメリカ・ドルを大量に必要とする事態が生じたのであった。ドル需要の増大は，アメリカ・ドルの国際通貨としての地位をむしろ強化することになった。アラブ産油国による石油価格引き上げ政策がアメリカ・ドルの一時的安定につながったのである。アメリカは第二次石油ショック時にも石油価格の引き上げに対して保護主義政策を強化し，さらにビナイン・ネグレクト政策を世界戦略として推進する。アメリカ・ドルは国際通貨としての地位を維持したのである。

　アメリカは2度の石油ショック以降，石油輸出国から輸入国へと転換する。かつてアメリカは世界最大の石油産出国であり，同時に石油輸出国であった。しかしアメリカは石油ショックをへて，石油生産国から輸入国へ転換することにより，国内の石油を長期間にわたって温存することを可能にしたのである。

アメリカは，国産石油依存から積極的に外国石油開発に向かうことになる。もちろんアメリカの巨大石油会社は，ベネズエラ，メキシコなどのラテン・アメリカ，さらにはアラブ諸国に石油の利権を保持していた。アメリカは石油ショックを契機として国内生産から一層外国生産に向かうことになる。アメリカは，国内石油生産の増大によって埋蔵量が減少していた。そこでアメリカは，国内石油の温存を図ったである。アメリカは，石油利権の獲得のためにラテン・アメリカ，アジア，アフリカ諸国の政権あるいは政策に関与していくことになる。アメリカは，ラテン・アメリカに傀儡政権を誕生させ，あるいは内政干渉・戦争を行ってきた。

3-5-2 アメリカの石油戦略

現在，世界の原油の産出量は，年間約40億キロリットルであり，そのうち中東産油国は12億キロリットル，ロシア・東欧が6億キロリットル，ラテン・アメリカ5億キロリットル，アフリカ4.2億キロリットル，アジア3.8億キロリットルなどとなっている。原油の確認埋蔵量は約2000億キロリットルで，現在の生産量を続けていけば，50年で枯渇する計算になる。原油の埋蔵量は，中東地域が最も多く約1150億キロリットルで，この地域だけで世界の埋蔵の57%を占めており，可採年数は100年近くある。ところがアメリカの埋蔵量は36億キロリットルとなっている。アメリカの原油消費量は年間約8億キロリットルであり，埋蔵量からすれば5年間の消費をまかなうこともできない。アメリカは原油の生産量が年間3.3億キロリットルであるから，現在の生産量を続けるならば約10年間で枯渇することになる。

アメリカはエネルギーの40%を石油に依存している（その他は天然ガス24%，石炭23%，原子力8%などとなっている。マイケル・T・クレア『血と油（*Blood and Oil*）』柴田裕之訳，NHK出版，2004年，26ページ）。

アメリカはかつて石油の輸出国であった。しかし1960年代後半から輸入国に転換する。現在の原油自給率は37%にすぎない。さらにアメリカは今後も石油消費量の増加が見込まれ，2025年には現在の消費量の1.5倍になると予測されている。アメリカの石油消費量は，世界の石油消費量の約20%強である。今後も消費量が増加することになれば，アメリカの石油消費は現存の埋蔵量で供給し続けることは不可能であり，したがって輸入に頼らざるをえないことになる。2025年のアメリカの石油輸入量は，消費量の70%を占めることが予測されている。

　アメリカは，石油を確保するための戦略が必要になってきたのである。それが1970年代のカーター大統領によって推進された石油戦略である。ペルシャ湾地域の石油を確保することがアメリカにとってのエネルギーの安定的な供給システムを構築することであり，そのためにはこの地域に積極的に関与することが必要であった。石油を確保できなければアメリカの長期戦略が成り立たないどころか，短期の戦略にも影響を及ぼすことになる。ましてやアメリカの今日の繁栄は石油をはじめとしたエネルギーの大量消費によって支えられてきた。その代表は自動車産業である。自動車こそアメリカ資本主義のシンボル的な産業であり，消費の王様であった。自動車は大量のエネルギー消費，とくに石油を消費する。石油がなくなればアメリカの自動車は動かなくなり，産業自体も消滅する。アメリカは，日本のトヨタ，ホンダのように石油と電力を組み合わせたハイブリッド車の開発は進行していないし，水素をエネルギー源とした自動車の開発もコストの関係で進んでいない。そうなると自動車の主要エネルギーは石油に頼らざるをえない状況がある。さらに原油・ナフサはプラスチックをはじめとした様々な石油化学製品を生み出す。こうした製品も原油・ナフサが枯渇すれば生産されなくなるばかりでなく，人々の生活にも多大な影響を及ぼすことになる。した

がってアメリカの繁栄を維持するためには石油を確保することこそ重要な課題となる。

アメリカが石油の確保を期待する地域は，政情不安，社会不安などを最も抱えているペルシャ湾沿岸地域である。もちろんアメリカが開発を進めているメキシコ，ベネズエラ，コロンビアなどのラテン・アメリカ地域も必ずしも政情が安定している地域とはいえない。しかしラテン・アメリカは，少なくとも中東地域に比べれば，アメリカの意向が浸透しやすい地域といえる。しかしメキシコは法律によって国内の石油採掘を外国資本に対して厳しく規制している。またベネズエラは，チャベス政権のもとでアメリカからの自立化の道を歩もうとしており，アメリカによる石油の確保は容易でない。アメリカはラテン・アメリカの多くの政権に関与し，さらにFTAAの成立を急いでいるが，将来的な石油確保は保証されていない。アメリカは，石油確保政策の軸足をアラブ産油地域に移さざるをえなくなったのである。

ペルシャ湾沿岸は，これまでアメリカの進出・影響力が最も薄い地域であった。そこでアメリカは，イスラエルのシオニズムを擁護することによって中東地域への足がかりを築こうとしたのであった。イスラエルとアラブ諸国の中東戦争は四次にわたって行われた。いずれの戦争もアメリカの支援を受けたイスラエルが，アラブ諸国を打ち破り，パレスチナの独立と領土保全を事実上阻止し，拡張路線を続けることを可能にした。しかしアメリカがイスラエルを盾にしてアラブ諸国に進出しようとしても，そこにはつねに限界もある。アメリカはサウジアラビアに巨大な軍事基地を維持し，サウド国王をはじめとした君主制をテコ入れすることによって，アメリカの政策の浸透を図ろうとした。アラブ諸国へのアメリカの干渉に対しては，2001年の9.11事件に象徴されるようにアラブ人を主体とする反帝国主義・武力抵抗が生じたのであった。この事件を契機としてア

メリカは，アラブ地域への積極的介入それも武力をともなった介入を行っていく。アフガニスタンを爆撃してイスラム政権を崩壊させ，さらにイラク・フセイン政権の打倒のための軍事進攻を行ったのである。

1991年の湾岸戦争からはじまるアラブ諸国へのアメリカの軍事介入は，アラブ諸国の「民主化」への過程であり，「正義」の戦争という大義をつくりだした。もちろん「民主化」とは，アメリカ的あるいはヨーロッパ的な「民主主義」である。アラブ諸国の独自性とりわけイスラム教の原理を基軸としたシステムは，アメリカ的な資本主義システムとはかけ離れたものであったからである。すなわちアメリカ的「正義」とは，アメリカ的資本主義システムの導入にほかならない。それはまたアメリカの「覇権」システムを維持することであり，グローバル化といわれる戦略であり，同時に石油の確保を目的としたのであった。

中東地域へのアメリカの介入は，単に石油確保のみを目的としているのではない。中東地域はかつてイギリス，フランス，ドイツの植民地・従属国として位置していたし，第二次世界大戦後は，旧ソ連の影響を受けた地域でもある。アメリカのイラク戦争は国連での基本的な決議にもとづくものではなく，イギリス，日本などの一部諸国の支持を得てのものであった。アメリカにとっては，イラクの「民主化」を図ることによってイラク政権への介入を強化し，石油利権を確保することが重要な目的であった。アメリカにとっては，アラブ地域へのヨーロッパ諸国，ロシアの進出を阻止することも重要であった。フランス，ドイツ，ロシアはアメリカのイラク戦争を批判し，軍隊を派遣することを拒否した。フランス，ドイツ，ロシアは中東地域へのアメリカの進出を拒むことを明確にしたのであった。フランス，ドイツはむしろ中東地域への新たな支配力の確立をめざしもしたのであった。ロシアもまたEU諸国とは異なったアプ

ローチから中東地域への進出をもくろんでいた。とくにロシアはCIS諸国との政治的・経済的関係が円滑に進行しているわけではない。チェチェンをはじめ，アゼルバイジャン，ウズベキスタンなどイスラム地域の独立問題などがあり，一部では内戦状態が続いている。いずれの地域も石油利権あるいは石油パイプライン建設が関連している。ロシアも石油を戦略物資として位置づけ，利権の確保および石油関連施設の実質支配を行うことによって，再び東欧あるいはヨーロッパでの地位を高めようとしている。フランス，ドイツも国内での石油生産は皆無の状況であるから，石油を確保することが国民経済的な課題となっている。とくにドイツは，今後原子力に依存しないエネルギー政策を提起し，原子力発電所を放棄していくこととしている。そうなれば当然のことながら石油資源を確保することは長期的なエネルギー政策からも必要なことである。こうしてペルシャ湾をはじめとした中東地域へアメリカが進出することは，フランス・ドイツ連合，ひいてはEUの発展にも影響を及ぼすことになる。ロシアの台頭はEU地域の不安定をまねく危険性をはらんでいる。

 アメリカにとっては，イギリスを除くヨーロッパ諸国およびロシアの中東への進出を阻止し，アメリカの影響力を大きくすることが，石油利権の確保，同時にアメリカの「覇権」システムの維持につながることになる。アメリカはすでにウクライナ，アゼルバイジャン，カザフスタン，ウズベキスタンなどにいわゆる「民主」政権を誕生させ，援助をはじめとして企業の進出を促進させようとしている。これらの地域市場へのEU企業の進出による浸透を阻止する戦略でもある。また，CIS諸国地域へのアメリカ企業の進出は，新たな市場確保のための戦略でもある。

 今日確認されている原油の採掘可能埋蔵量は前述のとおり約2000億キロリットルであり，消費は毎年約40億キロリットルである。ア

メリカの石油消費は、今後も増大し25年後は現在の消費量の50％増となると見込まれている。またアメリカ以外の世界をみれば中国、インドなどの急速に経済発展を行っている地域での石油消費量が拡大している。さらにこうした地域においてもやがてモータリーゼーションの波が押し寄せてくるであろうから、石油の消費量は今後も増加の一途をたどることになる。とくに中国はかつて石油の輸出国であったのが、近年輸入国に転換している。中国の石油消費量はすでに日本を凌駕し、アメリカに続いている。中国はこのまま順調に経済発展が持続することになれば、30年後には世界の石油貿易の約50％を占めると予想される。中国以外にも東アジア、インド、あるいはブラジルなどのラテン・アメリカ諸国でも石油消費量が増大する。そうなると増大する石油需要に対してどこの国・地域が石油を供給することになるのか。現実にアラブをはじめとした今日の産油国だけで高まる需要に応じることはできない。したがってアメリカの石油戦略は、国内の埋蔵原油をできるだけ温存し、輸入石油によって消費をまかなおうとしているのである。

　原油埋蔵量が限られているのであれば、誰でも代替エネルギーの開発あるいは石油消費量削減を思いつく。しかしアメリカの戦略は誰でもが考えつくような当たり前の政策を講じようとしているのではない。むしろアメリカだけが石油消費を拡大し、アメリカだけが経済的繁栄を享受しようとしているのである。アメリカは枯渇する石油を「独占」できる状況を形成する、それがアラブ諸国への軍事的介入であり、またウズベキスタン、カザフスタン、ウクライナなどの CIS 諸国への干渉であった。アメリカにとっては、アラブ地域だけでなくカスピ海沿岸地域での石油をいかに大量に安全に確保するかが政策課題になったのである。アフガニスタンへの軍事侵攻も石油パイプラインを安全にするためのものであり、パキスタンへの援助の増大も同様に石油パイプラインの通り道としての重要性か

らである。アメリカの政策は，アメリカ以外の国が石油利権を確保する前に石油を安定的に輸入することを目的としている。したがって石油をめぐってはEU諸国とは対立関係にある。イラクへの戦後の「復興支援」は，イラク原油をどこの国が確保するかの争奪戦である。日本はアメリカのイラク戦争を支援することによってアメリカのおこぼれに与り，イラク原油を確保しようとしている。イラク戦争をめぐるアメリカ連合とEUとの関係は，「覇権」維持の対立の図式として描くことができる。

アメリカは石油の代替エネルギーの開発を推進すれば原油輸入量を削減することができる。しかし原子力に関しては，スリーマイル島の事故以来，原発建設は進んでいない。その他のエネルギー開発においても積極的ではない。エネルギー開発には長期間を要すること，なによりも膨大な開発費用を必要とするからである。アメリカはエネルギー産業も私的企業によって営まれている。長期および費用負担の増大は，企業をして開発を躊躇させるものである。すなわちすべての産業を効率化の名のもとで民営化することは，自然資源，環境との調和あるいは長期的な国民経済運営を困難にさせることになる。さらに国内の企業で開発が進まなければ，外国企業の開発した技術を買収すればよしとする企業経営も開発を遅らせているのである。そしてアメリカの自国の石油資源確保のためには，戦争という多大な犠牲を払ってでもこれを追求していくという方向性が，今日の世界経済の混迷に拍車をかけているのである。

石油をはじめとした自然資源は，地球の数十億年にわたる歴史のなかで生成されてきたものである。それがたかが250年の工業化の歴史によって，さらに最近100年間の石油消費によって枯渇するということは，誰も考えなかった事態である。鉱物資源が枯渇しても，代替物を生み出せばよいなどという発想は論外である。国内の資源は温存して他国資源を採掘し輸入する，というアメリカ的な政策は

資本主義そのものを否定することになる。石油に限らず他の鉱物資源も大量の採掘によって枯渇の危機に瀕している。大量生産・大量消費というアメリカ的資本主義経済社会は，いまや限界に達してきている。21世紀の経済社会は，大量生産，大量消費あるいは大量廃棄の発想からの転換が必要なのである。すなわちそれは，アメリカ「覇権」システムの否定であり，アメリカ的「市場原理」政策の否定である。

第4章　国際通貨システム改革

4-1　国際通貨問題の現況

　アメリカ・ドルは，今日でも国際通貨としてあるいは基軸通貨として機能している。ドルが国際通貨として機能する以前の19世紀および20世紀前半の世界は，イギリス・ポンドが国際通貨であった。資本主義の歴史において国民通貨が国際通貨として流通するようになったのは19世紀のポンド，20世紀後半のドルの二つの通貨にすぎない。ポンド流通以前は，金または銀貨幣が貿易の最終決済に使用されていた。アメリカ・ドルが第二次世界大戦後，国際通貨となりえたのは，アメリカが国際関係のなかで政治，経済，軍事力において圧倒的な優位に立ち，さらにIMFを通じてドル流通を各国に認知させたからであった。そのさいアメリカは，IMF加盟国に金1オンス＝35ドルでの金とドルとの確定交換を約束した。当時のアメリカは貨幣用金の保有量が世界の60％以上を占めていた。アメリカの豊富な金保有は，金・ドル交換を可能にしたのである。アメリカ・ドルの国際的流通は，1950年代後半からヨーロッパ，アジア，ラテン・アメリカ諸国・地域にもその領域を広げ，永遠に続く国際通貨システムを構築したかのようにみえた。

　一般に国際通貨，基軸通貨は，第1に，国際間の貿易あるいは資本移動の際の価格基準として機能すること，第2に，貿易・投資が行われる2国間取引での媒介通貨として機能すること，第3に，国際間での決済手段として機能すること，第4に，準備通貨として機能することの四つの機能すべてをもっていなければならない。アメリカ・ドルは第二次世界大戦後そのすべての機能をもって国際間に

流通したのであった。

　1999年に発足し，2002年にEUの共通通貨として流通するようになったEUROは，国際通貨としての機能を有している。EUROは，アメリカ・ドルに比べれば流通領域が狭い。EUROの流通は，EU領域内であり，一部アフリカ，ラテン・アメリカとなっている。しかしEUROは，EUとアジア地域との経済関係が拡大することによって，アジアでの流通領域を広げているだけでなく，アメリカ・ドルに替わって準備通貨としての機能が拡大している。EUROの拡大と異なって日本・円は，媒介手段としての機能をほとんど持っていない。また日本・円は，決済通貨，価格表示，準備通貨としての機能がアジア地域を中心にした限定的な国際通貨となっている。

　日本・円のような限定的な国際通貨と異なって，アメリカ・ドルは世界のすべて国・地域で国際通貨として流通してきた。アメリカ・ドルは，形式的には一国民通貨にすぎない。アメリカ・ドルは，ドル保有国に対して金との交換の約束を果たすかぎりにおいて，国際通貨としての機能を維持することができた。1971年のニクソン・ショックは，金とドルとの交換停止であり，ドルが国際通貨として流通する根拠を失うものであった。しかしアメリカ・ドルはニクソン・ショックによって，国際通貨としての機能を失うことなく，むしろ流通領域を広げることになった。それはアメリカ・ドルの国際通貨としての機能強化であり，同時に金・ドル交換停止によって国際通貨としての信認を失うという，両面が生じたことを意味する。

　国民通貨が国際通貨として機能するためには，必ずしも世界経済において一国民経済の支配が確立していなくても可能である。それは国際通貨としての機能を容認する各国の協調・共同による場合である。たとえばIMF成立に際しては，アメリカ・ホワイト案とイギリス・ケインズ案が提示され，結局アメリカ案を主体とした現行IMFが誕生した。ケインズ案は，貨幣＝金による弊害を除去した

国際中央銀行発行の「バンコール」による国際決済を主張する。ケインズ案は，国際通貨機関の設立による国際精算同盟案といわれる国際決済の遂行案である。ケインズ案は当時，経済的・政治的に圧倒的な支配力を有していたアメリカ案の前に破れたのであった。しかしケインズ案は，一国国民通貨の流通ではなく，各国の合意にもとづく国際機関の創設案であり，同時に新しい装いをもった「国際通貨」の誕生を目指していた。さらにケインズ案は，かつてのイギリスの覇権を支えていたポンド支配が不可能な状況のもとで，アメリカに対抗するイギリス復活のための唯一の提案でもあった（ガードナー，R. N.『国際通貨体制成立史』村野孝・加瀬正一訳，東洋経済新報社，1973年，参照）。今日の EURO は，ケインズの国際精算同盟案とは相違しているものの，EU 加盟国の合意にもとづいて流通している国際通貨である。したがって EURO は，アメリカ・ドルの世界経済支配を背景とした流通と異なり，少なくとも EU 加盟各国民経済の意向が反映している通貨といえる。

EURO は各国の合意にもとづいて流通している国際通貨であるが，ドルに替わって単独で国際通貨の地位を得ることは可能であろうか。EURO 以外にたとえば日本・円は，国際通貨の地位を得ることは可能であろうか。また現行の IMF に替わって新しい国際金融・通貨機関の設立は可能性であろうか。

1974年以来，先進資本主義諸国はサミット体制を確立し，世界経済・政治運営の方向性を協議してきた。今日ではロシアも参加し8ヵ国1地域（EU）によるサミットとなっている。近い将来には中国およびインドもサミットに参加することが検討されている。このサミット体制は，第一次石油ショックおよび IMF 固定相場制が崩壊し，変動相場制に移行してから始まったものである。サミットの議題には，つねに国際金融・国際通貨改革が掲げられている。しかしサミット体制30年を経た今日でも，国際通貨改革は進展していな

い。むしろ各国の国際通貨改革への意欲は後退しているようにもみえる。それはアメリカが改革に熱心でないことにもよるが，EUによる独自の通貨圏の形成によって改革の意義が遠のいているからである。日本にとっては独自の通貨圏の形成は困難であるし，円の「国際化」の進展も行われていない。アジアでは共通通貨として「ACU（Asian Currency Unit：アジア通貨単位）」の創設が検討されているが，当面アメリカ・ドル流通に追随した政策の追求となっている。アジア通貨による国際通貨システムの構築などは実現しえない状況にある。またアメリカが改革に不熱心なのは，世界最大の債務国であり，債務返済の目途がまったくたっていないこと，さらに現にドルが国際通貨として流通しているからである。とくに南北アメリカ，アジアなどの国・地域はアメリカ・ドルと事実上の固定相場制を採用し，ドルとのリンクを強め，ドル債権の保有も拡大している。したがって国際通貨改革がサミットでの議題に掲げられるものの，アメリカ・ドルに替わって国際通貨となるような国民通貨は存在していないし，共通・地域通貨も限定的な流通にすぎないがゆえに改革が合意にいたらないのである。国際通貨改革案に関しては，現実的な改革案が生まれたとしても，それを推進する主体が世界を支配するあるいは「覇権」を獲得できるような状況にないからである。

4-2　ドル・国際通貨体制の変遷

　1971年8月の ニクソン・ショック，1973年3月の変動相場制移行以来，アメリカ・ドルの国際通貨としての地位は後退の一途であった。ところがアメリカ・ドルは1990年代になって国際通貨としての地位は後退したものの，流通領域を保持し，その機能を依然として保持している。

　アメリカ・ドルがその地位を確保する以前は，イギリス・ポンド

が国際通貨としての位置にあった。イギリス・ポンドが国際通貨として機能したのは，当時のイギリスが世界の工場として，貿易・投資の最大国として，膨大な植民地領有国として，さらにロンドンが国際金融の中心地として位置していたからである。ロンドンの国際金融市場は，世界各国からの資金を集積し，アメリカをはじめとしてアフリカ，アジア，オセアニアなどへの投資を拡大した。今日でもロンドン・シティーが，イギリス経済の動向とは無関係に世界の金融の中心地として機能しているのは，過去のイギリスの「覇権」およびポンドの栄光を引きずっていること，国際金融情報の発信・受信地として未だに機能しているからである。ただしイギリス・ポンドが国際通貨として機能した段階は，金本位制下であった。

19世紀末から始まるイギリスの「世界の工場」としての地位は，後進のアメリカ，さらにはドイツによって脅かされた。とくにアメリカは，19世紀末に急速に生産力を拡大していく。第一次世界大戦後アメリカは，自動車産業などが代表する耐久消費財生産によって，イギリスから「世界の工場」の地位を奪い取ることになる。アメリカは1929年世界恐慌の後，第二次世界大戦に勝利し，やがて文字通り「世界の工場」として君臨することになった。

アメリカ・ドルは，第二次世界大戦後のIMF・GATTの成立を期として国際通貨の地位を獲得した。アメリカ・ドルの地位の上昇は，金本位制が1930年代初めに停止し，いわゆる管理通貨制が支配的になった状況下で，アメリカの生産力が世界最大となったからである。第二次世界大戦後，国際金融システムの安定と，国際通貨システムの変更を求めて，アメリカはIMFを設立する。IMFはアメリカ主導のもとで運営されていく。IMFシステムの浸透と世界市場支配・「覇権」システムの確立を目指したアメリカは，ドルを国際通貨として流通させるために，IMF加盟国に1オンス＝35ドルでの金との交換を約束する。IMF加盟国は，ドルを金と同様に価

値保証された通貨として受け入れたのであった。ドルが国際通貨として流通するためには，金本位制が停止されても形態上金と同等の価値をもつ，あるいは価値下落のない安定通貨である必要があった。金に裏づけされ安定した価値を有する通貨としてアメリカ・ドルは，国際通貨として流通領域を広げていった。とりわけ当時の西ヨーロッパは第二次世界大戦後の復興期であり，政治，経済，軍事力においてもアメリカに依存せざるをえない状況にあった。したがってドルを国際通貨として認めることは，アメリカからの商品あるいは資金導入を拡大する道であったし，同時にアメリカの世界経済での地位を認めることであった。

　アメリカ・ドルは1950年代に国際通貨として機能を拡大していく。それは IMF, GATT システムが資本主義諸国に浸透していったことの反映であった。しかし西ヨーロッパの経済復興・生産力回復は，1950年代末に達成され，やがてアメリカ商品との競合あるいは競争上優位の産業・企業もあらわれてくる。アメリカは世界経済における支配的な地位を維持するために，さらには旧ソ連・東欧諸国との対抗のために，西ヨーロッパ，アジア，ラテン・アメリカなどで軍事同盟を次々に締結していく。また，アジア，アフリカなどの旧植民地が次々に独立していくが，アメリカはこれらの新しい国々が「社会主義」システムを導入しないように傀儡政権をつくり，あるいは経済援助を通じて事実上の支配体制を形成していく。アメリカによる新しい世界経済支配は，ドル流通を媒介にして発展途上諸国にも拡大していった。さらに1960年代になるとアメリカ企業は西ヨーロッパ，ラテン・アメリカへの直接投資を拡大していく。いわゆるアメリカ企業による多国籍企業化の道である。

　世界経済における競争関係の変化，経済援助の増大，アメリカ企業による多国籍企業化の進展は，アメリカ・ドルの国際通貨としての地位を強化すると同時にその弱体化への道でもあった。1960年代

末からアメリカ・ドルは,流失が続くことになる。西ヨーロッパは,ドル不足からドル過剰になりアメリカに保有ドルと金との交換を要求する。アメリカ・ドルの流通根拠である金・ドル交換は,アメリカの豊富な金保有によって可能であった。西ヨーロッパ諸国のアメリカへの金・ドル交換要求は,アメリカ・ドルの流通を危うくする事態を生んだ。アメリカはドル防衛策として,1960年代に入って金の二重価格制,金プール制,アメリカ企業による直接投資を規制するための利子平衡税などの政策を提起し,西ヨーロッパ,日本にこれを強要していく。ところがフランスは,アメリカの政策に問題を投げかけた。当時のド・ゴール大統領はアメリカに対抗して,フランスの地位の向上を目指す政策を掲げた。当時の EEC は,アメリカに市場を提供しながら,同時にヨーロッパ経済圏の結束を高め,独自の活動を開始していく。アメリカのドル支配は崖ぶちに立たされ,滑落の一歩手前まできていた。しかし1968年になってフランスでは,大学生によるベトナム反戦運動を契機とする全土でのゼネラル・ストライキが起こって政治的・社会的混乱が拡大していく。その結果はフランス経済をマヒさせ,フランス・フランの信認を低下させた。フランス・フランの信認低下は,ドルの相対的強さを示すことになった。アメリカ・ドル体制はその崩壊を一時的にまぬがれたのである。

　1960年代末にアメリカ・ドルは,一時的に支配を回復したかのようであった。しかしアメリカ経済は停滞し,さらにアメリカ企業の海外進出は加速化していく。1970年,アメリカは再び不況に陥ったのである。もはやアメリカは,金・ドル交換を維持し,ドル体制を支えていくことが困難になった。そこでニクソン大統領による経済政策が提示されたのである。NEP（新経済政策・ニクソン・ショック）は賃金の抑制など国内経済政策を基本としていたが,同時に輸入課徴金,金・ドルの交換停止という対外政策も含まれていた。アメリ

カ・ドルが国際通貨として流通する基礎であった金・ドル交換の停止は、ドルをしてローカル通貨へと下降する道であった。さらに第二次世界大戦後の国際通貨体制の象徴であった固定相場制が維持できなくなることを意味していた。

4-3　石油ショックとドルの弱体化

1973年10月、第四次中東戦争が勃発する。イスラエルのシオニズムに対するアラブ諸国の反発は、戦争をまねいたのであった。それまでの中東における三次にわたる戦争は、アメリカの軍事支援によってイスラエルの圧倒的勝利に終わった。戦争の結果はイスラエルによるエジプト領土の占領であり、パレスチナ人居住地域を縮小することであった。これまでの戦争は、アラブ諸国が軍事力に劣るにもかかわらず、イスラエルに対して一致した軍事行動がとれなかったことが敗因であった。そこでアラブ諸国は、イスラエルを支持する先進国に打撃を与えるために石油資源の活用という手段を講じたのである。それは石油の生産削減、輸出削減、価格引き上げ、さらに石油主権の確立などであった。とくに石油価格の引き上げは、いわゆる石油メジャーによる支配からの脱却を意味していた。石油価格は約4倍に引き上げられた。この結果、先進国は石油価格の上昇だけでなく、石油輸入の減少という事態に追い込まれた。高度成長を経て国際競争力を拡大してきた日本も大きな影響を被ったのであった。

アラブ産油国による石油価格の引き上げなどの諸措置は、これまでの先進国主体の世界経済運営に大きな打撃を与えた。先進国はいずれの国も不況の長期化を余儀なくされた。とりわけアメリカとヨーロッパでの影響は深刻であった。石油ショックは、従来の資本主義市場メカニズムを根底から揺さぶる事態をまねいた。資本主義

の歴史は，恐慌・不況のさいには商品・財の価格の下落によって販売を促進するということを繰り返してきた。すなわち過剰に生産された商品・財の売れ残り・在庫を防ぐためには，価格を下げて販売したのである。ところが石油ショックを契機として先進国は，不況の克服を財政支出によって補うだけでなく，急速なインフレーションの進行政策を採用したのである。スタグフレーションという事態の進行である。先進国は，不況の克服を経済の引き締め政策でなく，インフレーションの進行による緩和政策で乗り切ろうとしたのである。

　日本は財政面では国債の大量発行による需要拡大政策を採用し，企業の合理化，技術革新によって競争力強化策を講じた。合理化は労働力の削減であり，技術革新は新規産業の導入と既存の競争力の低い産業の淘汰であった。日本の政策は，国鉄などの国有企業の民営化にはじまり，公有部門の縮小，産業・企業の合理化の推進による競争力増大であった。産業・企業の合理化，競争力向上政策は，労働者がストライキを行いえない状況を形成し，労働者により一層の生産性向上意識を植え付けるとともに，賃金の引き上げを抑止する効果をもった。

　アラブ諸国による石油資源戦略が，その後の発展途上諸国運動に与えた影響は大きい。たとえばバナナ，サトウキビ，銅鉱石などを生産する発展途上国は，輸出国機構を確立し，一次産品の価格引き上げを行った。それは発展途上諸国の，鉱物資源などでの自国主権を取り戻す政策につながった。1974年の国連総会では NIEO（新国際経済秩序）宣言が採択され，発展途上諸国運動の指針の確立となった。NIEO は，発展途上諸国と先進資本主義諸国との対等，平等，平和，相互協力，内政不干渉などの原則を確認しただけでなく，自国資源の恒久主権化，多国籍企業の行動規制などの運動原理を確認した。しかし NIEO の基本原理・運動は，1970年代後半からの

東アジア諸国・地域の経済発展,先進国による発展途上諸国への干渉政策の拡大などにより後退していくことになる。とくに東アジア地域は,アメリカ,日本の国際分業関係に取り込まれていっただけでなく,アメリカ・ドルに依存する国内外通貨システムの構築が行われた。

　アラブ産油国は石油価格上昇により莫大な輸出超過を記録する。すなわちドル収入の増大である。しかしアラブ諸国にとっては,石油輸出増大にともなう大量のドルの使い道には限界があった。やがてアラブ諸国の大量保有ドルは,ヨーロッパ金融市場およびアメリカへ還流することとなった。アラブ諸国によるヨーロッパ市場へのドル預金などは,ユーロダラーの一部となった。ユーロダラーは再びアメリカに還流し,アメリカの資本収支を好転させることになった。ここでも大量のオイルダラーの流通は,アメリカ・ドルの弱体化を抑止する事態として生じたのである。ニクソン・ショック以来アメリカは,ヨーロッパ,日本に対して,いわゆるビナイン・ネグレクト政策（ドルの弱体化の原因であるアメリカ国際収支の赤字は,アメリカの責任ではなく,その原因はヨーロッパ,日本にあるとする政策）をとり,国際収支の赤字の削減や国内産業の競争力強化政策を採用しなかった。

　1979年,イランでパーレビ国王政権が打倒され,いわゆる「イラン革命」が進行する。隣国イラクとは石油輸出基地・港湾の確保を目指す対立が激化する。やがてイラクは,イランとの戦争に突入する。当時アメリカは,イラン政権を打倒するためにイラク・フセイン政権を支持していた。アメリカはイラクに経済援助をはじめ武器提供も行っていたのである。2003年のアメリカの単独行動によるイラク侵略戦争は,イラク・フセイン政権の打倒を目的としていた。したがってこれまでのアメリカによるアラブ地域への干渉政策は,必ずしも首尾一貫したものではなかった。

イラン・イラク戦争は，第二次石油ショックを引き起こした。再び石油価格の大幅な引き上げとなり，長期不況からようやく抜け出そうとしていたヨーロッパ諸国経済に大きな影響を及ぼした。日本も石油価格の上昇により産業政策の根幹が揺らぐこととなった。日本はやがて「国際化」政策という名のもとでの対外進出を拡大する政策へ転換していく。アメリカも1980年代になっていわゆる「ネオコン」政権であるレーガン大統領が就任し，「市場原理」にもとづく政策を採用していく。

　レーガン政権は，それまでの民主党による弱者救済，社会保障重視の「大きな政府」から，自己責任，競争重視などの「市場原理」を重視した政策へと転換するだけでなく，強いアメリカの復活を目指すことになる。さらに対外的には高金利政策を採用することによって，アメリカへの資本移動を促すことになる。その結果，西ヨーロッパあるいはアラブ諸国から，アメリカへの投資が拡大していく。アメリカ・ドルの還流は，アメリカ・ドルが再び信認を取り戻したかのようであった。しかし強いドルは見せかけにすぎなかった。やがて1985年のプラザ合意に示されるように，アメリカはヨーロッパ通貨，日本・円に対してドルの切り下げを行わざるをえなくなったのである。ドルの信認は確実に低下し国際通貨としての地位も大幅に後退していった。

　しかし今日の国際通貨体制は，弱体化したドルでも国際通貨として機能している。別の表現をすればドルに替わる国際通貨機能を有した通貨が登場していないのである。国際通貨システムの改革が行われない要因となっている。

4-4　国際通貨改革への道

　国民経済の存在あるいは国家主権は，国境を設定した段階で生じ

る。いわゆる近代国家の誕生は，1648年のウェストファリア条約によって国際的合意を得た。近代国家の誕生を基礎とした資本主義国家は，18世紀末のイギリスにおいて誕生した。イギリス国家の誕生は，資本主義の経済的基礎である私有財産制を維持し，発展させることに意義があった。国家の成立は，私有財産の維持のための法体系を整備することであり，土地所有および土地利用の方法を定めることであり，封建的束縛のない自由な労働者の存在を認めることであった。いわゆる近代国家は資本主義の確立過程のなかで形成されていったのである。国家の政策は，近代化のために企業・個人の競争社会を保証し，私有財産制を保証し，同時に中央銀行の設立に始まる通貨制度を設けることであった。とくに国境の設定によって保護された企業活動は，通貨制度の確立を通じても保証された。したがって国家にとっての通貨主権の確立は，資本主義システムが経済社会の支配的な形態として認知されることであった。

　19世紀および20世紀はイギリス・ポンド，アメリカ・ドルが金に替わってあるいは金と同等の国際通貨として流通してきた。一国の国民通貨が金に替わって流通するようになったのは，それぞれ特殊な状況が形成されたからであった。国際経済間で国民通貨が流通する（国際間では国民経済内での商品流通を媒介するいわゆる流通手段機能は存在しない）ことは，国際間での信用制度の発展，決済機構の整備，さらに金の節約メカニズムが働くことを意味している。イギリス・ポンド，アメリカ・ドルが国際通貨として機能してきたことは，国際経済における信用制度の発展をはじめとした国際取引の拡大などの経済的進歩を示しているのである。

　21世紀の国際通貨システムは，どのように改革することが望ましいのか。別の表現をすれば国際通貨システムは，かつてのイギリス，今日のアメリカのような世界経済支配・覇権システムを背景とした体制とはまったく異なった別個のシステムの構築が可能か，という

ことになる。

　今日のアメリカ・ドルは，国民通貨としてのドルと国際通貨としてのドルとの二重の役割をもっている。国際通貨としてのドルは，アメリカの経済動向と同一の歩調をとる場合と別個の場合との二面性を有している。ドルは国内においても国外に出ても同じ通貨であり，同じ「顔」をもっている。それはドルがアメリカを母国としているというよりも，すでに国際的に流通することによって国際通貨としての機能を有するようになっているからである。国際通貨としてのドルは，国民通貨と異なった別の機能を有するようになっている。もちろん国際通貨としてのドルは，母国の経済が低落すればその機能を果たせなくなる。ドルは，国民通貨としても国際通貨としても同じ「顔」をもっているのである。ところが国際通貨としてのドルは，現に各国での媒介通貨，準備金，決済通貨，価格表示として流通しているかぎりにおいては，独自の機能を有するようになってきているのである。いわばアメリカ・ドルは，国民通貨としてのドルと国際通貨としてのドルとが，同じドルでありながら，機能的には異なった存在になっている。国際通貨としてのドルは，アメリカの財政収支および国際収支の赤字あるいはインフレーションの進行とはある意味で独立的に機能していることになる。

　国際通貨改革が進展しない要因は，1971年のニクソン・ショック以降，アメリカ・ドルの国際通貨としての機能が拡大しているからである。それは国際通貨ドルの流通が拡大していることである。アメリカが貿易収支の赤字あるいはアメリカ企業による直接投資の増大，さらにアメリカからの証券投資や投機資金の拡散は，ドルの流通領域を広め，各国がドルに依存するシステムを拡大することにつながっている。それゆえに国際通貨改革はいかにしてドルの国際通貨としての機能を小さくするか，あるいはドルの準備金，価格表示，決済通貨，媒介通貨としての機能を小さくするかである。ドルの国

際通貨としての機能を縮小するためには，EU の共通通貨である EURO の流通を拡大することであり，アジア通貨圏あるいは「ACU」を形成することである。または EU，アジア通貨圏を越えて各国の合意による新しい国際通貨機関の設立あるいは国際共通通貨を誕生させることである。

EU では27ヵ国5億人の経済統合が進展した。そのなかで EURO 参加国は現在12ヵ国であり，イギリスは参加していない。EURO は加盟国の通貨主権を放棄させ，限定的であるが独自の国際通貨として機能しはじめている。これまでのポンド，ドルといった国民通貨を母体とした国際通貨ではなく，各国の合意によって誕生した，歴史上初めての国際通貨である。この EURO にはやがてイギリスも加盟し，さらに EU 加盟国ではないノルウェー，スイスなどが流通領域として加われば，ヨーロッパ圏全体の国際通貨として，現在のドル流通を凌駕することになる。また EU はアフリカ，カリブ海諸国などの旧植民地地域とコトヌー協定（かつてのロメ協定）を締結している。これらの諸国は現在 EURO を基軸とした外国為替相場あるいは価格表示，決済を行っている。したがって EURO は今後も流通領域を広げ国際通貨としての機能を大きくする可能性をもっている。国際通貨改革は，新しい通貨体制を構築するというよりも EURO の拡大によって変わらざるをえないということになる。場合によってはアメリカ・ドルに替わって EURO が新しい国際通貨および基軸通貨となることで，したがって国際通貨改革は行われないことになる。

EURO の流通領域が広がるなかで，日本・円およびアジア通貨圏の設立は可能であろうか。1990年代後半からアジア圏では，ドル価格表示，ドル決済の比重が低下してきている。ドルの比重が低下した部分は EURO および日本・円が補う構造になっている。アジア地域では EURO の比重がますます増大する傾向にある。日本・

円は，日本企業間での貿易および決済通貨として用いられており，日本とアジアとの国際分業関係が広がるなかで用いられている。こうした側面から見れば，日本・円は国際的に流通しているのでなく，日本企業間の取引・決済通貨としての役割しか演じられていない状況にあるといえる。したがってアジア通貨圏の形成は，日本・円を中心とするものではない。そこに ACU 創設の意義を見出すことができる。今日，日本・円がアジアにおける国際通貨として流通する客観状況はない。また中国・人民元が日本・円に替わって共通通貨として流通することも困難である。むしろアジア圏では共通通貨 ACU の創出によってはじめて EURO に対抗する国際通貨となりうるのである。しかし共通通貨創出といってもどの国がイニシアティブを握るかという問題がある。ここでも日本，中国，ASEAN 諸国・地域の行動は異なる。そうなるとアジア通貨圏の創出はバラ色の道ではない。アジアでは，アメリカ・ドル，EURO と対等な国際通貨として流通する状況を形成できるような各国の合意をうる客観状況をつくることが必要なことになる。

第5章 EU 統合の進展

5-1 EU 改革条約の制定

2004年6月，EU 首脳会議において EU 憲法の制定が採択された。EU 加盟国が批准すれば憲法は発布される。ドイツは承認であったが，フランスは「Non」が国民の意思表示であった。そこでフランスの「Oui」あるいはイギリスの参加のために「EU 憲法」は「改革条約」・「リスボン条約」と改められ，再び加盟国の承認を得る手続きがとられた。しかしアイルランドは国民投票で否決し，憲法の発布は依然として不透明な状況にある。

EU 改革条約は，ヨーロッパの文化的・宗教的・人道的な遺産を継承し，共通の運命のために過去の対立を乗り越えての統合をめざしている。統合は多様性のなかの統一である。加盟国は権限を EU に移譲する。均衡ある成長は市場経済化にもとづく。EU 大統領を選出する。閣僚理事会の可決は55％の賛成と賛成国の人口が EU 総人口の65％以上となることを必要とする。いわば多数決原理の導入である。EU 防衛庁を設置する。100万人市民の要求で欧州委員会に法案を提出することができる，などとなっている。

EU 改革条約が提示されるまで EU の歴史は苦難の道であった。ドイツ，フランス，オランダ，ベルギー，ルクセンブルグ，イタリアの6ヵ国が1951年に ECSC（ヨーロッパ石炭・鉄鋼共同体）を設立し，1958年には EEC（ヨーロッパ経済共同体）が発足，今日の EU の基礎がつくられた。

ヨーロッパは第一次世界大戦，第二次世界大戦と2度も大きな戦場となった。2度の戦争は，いずれもドイツとの戦争であった。第

二次世界大戦はヒットラー・ファシズムとの戦争であり、ドイツの拡張政策とぶつかったのであった。とくにドイツとフランスの国境紛争は、ルール、ロレーヌという鉄鋼・石炭の生産地の帰属をめぐってであった。当時、鉄鉱・石炭は基幹産業であり、軍事部門と直結する産業であった。そこで第二次世界大戦後、再び戦争の悲劇を生まないように、さらに旧ソ連・東欧諸国の「脅威」にさらされないように、両地域の帰属を平和的に解決する方法が見いだされた。それがベルギーを含んだフランス、ドイツによる共同管理であるECSCの設立であった。さらにオランダ、イタリア、ルクセンブルグも加わって、1951年、正式にECSCとして発足した。また1957年にはEURATOM（ヨーロッパ原子力共同体）が発足し、1958年にEECが発足することになった。1958年はヨーロッパの戦後復興が終わり、新しいヨーロッパ建設に入った段階でもあった。今日のEUの前身である三つの共同体は、6ヵ国によって運営されたのである。

　一方イギリスは、当初EECに加盟せず、北欧諸国、オーストリアなどとEFTA（ヨーロッパ自由貿易地域）を設立し、EECに対抗した。EFTAは自由貿易地域といっても農産物が除外され、さらに経済政策などは加盟国の自主性が尊重された緩やかな関税同盟であった。もちろんイギリスは19世紀世界の「覇権」を握った国であったから、フランス、ドイツと共同の経済政策を追求することは許されざることであった。とりわけ保守党は強いイギリスの復活を目指していたことから、EEC加盟には不熱心であった。

　当時、国民経済間の統合は、それぞれの国民経済が有する特徴あるいは政治・経済・社会構造が否定されることになる、またヨーロッパは17世紀以来市民社会を形成してきた経緯があり、それぞれに異なる市民社会を簡単に否定することなどできない、と考えられていた。

EUの統合は従来の経済学理論に対する挑戦でもあった。経済学の分析単位は，個々の国民経済を対象として発展してきた学問体系である。国民経済の統合によって国民経済そのものの存在の「否定」につながるEUの現象は，経済学の学問体系それ自体成り立たないことを意味している。したがってEUが今日のような国民経済統合にいたる事態は，経済学の領域ではほとんど予想しえなかったのである。

1958年に発効した「ローマ条約」はECSCの内実化のなかでヨーロッパ統合を推進する方向性を与えたものであった。「ローマ条約」では，ヨーロッパ共同体の設立，経済政策の調整，加盟国の連携強化などがうたわれた。さらに「ローマ条約」には，関税などの貿易制限の撤廃，加盟国以外の国に対する共通関税と共通貿易政策，加盟国間の資本，商品，労働の移動の自由，農業における共通政策が掲げられている。「ローマ条約」は今日のEU統合の基本的枠組みを形成する内容をもつものであった。

　「ローマ条約」発効以来，EECの基本的な共通政策は，関税および農業政策にある。農業政策は，農業技術の改善，農業者の所得確保，農産物市場の安定，農産物の合理的な価格設定であった。EEC加盟国の農業生産は，それぞれ特徴をもっており，問題・課題も異なっていた。とくにドイツの農業は小規模であり，生産性が劣っていた。一方フランス農業は加盟国で最も競争力が高く，国民経済に占める比重も高く，また多数の農業人口を抱えていた。1968年，EECではCAP（共通農業政策）のもとに「マンスホルト・プラン」が発足し，ヨーロッパ農業の近代化が承認された。EECにおける農業問題の調整は，のちの拡大EUへの布石となったのである。

5-2 拡大 EU の誕生

　1968年は，EEC なかでもフランスにとっては，ヨーロッパ統合を推進する契機となった年であった。フランスは，パリを中心とした学生運動，さらには全労働者を巻き込んだゼネラル・ストライキの発生などで，政治的・経済的混乱が続いた。当時のフランス大統領ド・ゴールは，アメリカに対抗すべきヨーロッパ連合の形成を目指していた。とりわけ国際通貨体制に関しては，ドルからの離脱，すなわち新しい国際通貨システムの形成，フランス・フランもしくは金の復位を計画していた。当時のフランスのドル離れは，アメリカ・ドル支配を弱体化する要因となっていた。しかし1968年のフランスの政治・経済の混乱は，逆にアメリカ・ドルの国際通貨としての支配・流通を強めることになった。アメリカ・ドルの危機が一時的に回避されたのである。そこでフランスは再びヨーロッパ連合の強化を提案せざるをえなくなった。これまでの EEC 6ヵ国からヨーロッパ全域への統合の拡大である。

　EEC は域内だけでなく域外にも支配領域を広げる政策を追求する。フランス，イギリスなどの旧植民地地域であったアフリカ，カリブ海，太平洋諸国・地域46ヵ国とロメ協定を締結する。ロメ協定は今日コトヌー協定と名称を変更して存続している。ロメ協定は，1974年国連で採択された NIEO を踏襲しながら EU 独自の発展途上国政策を実施していこうとするものであった。当時の発展途上国運動は，1973年の第四次中東戦争を契機としたいわゆる「石油ショック」が一大契機となって，先進国に対して自立化，対等，平等，相互協力，平和，内政不干渉などの政策を掲げ，さらに自国資源の恒久主権化，多国籍企業の行動規制などを重要な政策目標としていた。そこで EEC は，旧植民地諸国に対して一次産品の輸出価格保証，

輸入割当（ロメ協定国の輸入数量確保），共通基金の設立などを提起したのであった。このロメ協定はのちになって自由・無差別・多角を原則とする GATT の原則に抵触し，WTO の原則をも踏みにじるものとしてアメリカ，カナダなどからの批判を受けることになる。

　EEC は発展途上国政策だけでなくヨーロッパ全域にも加盟拡大策を追求する。1973年にイギリス，デンマーク，アイルランドが EEC に加盟し，9ヵ国の拡大「EC」となった。イギリスはかつての「覇権」国としてヨーロッパだけでなく全世界にその影響力を強めようとしていた。イギリスの政治は保守党と労働党が政権交替を繰り返していて，政権交替にともなって対 EEC 政策も異なっていた。しかし1970年代に労働党が政権を握ったことにより EEC への加盟が現実化する。労働党政権は，ヨーロッパ大陸並みの経済成長ならびに社会保障の充実を目標とする政策を打ちだす。それが EEC 加盟の原動力となったのである。イギリスの加盟はヨーロッパを一つの統合体へ進展するステップとなるものであり，さらに他の EEC 未加盟国を加盟へと進ませる契機となった。

　拡大 EC は国際通貨システムと外国為替相場の維持においても共通の政策を追求していくことになる。1979年，EC は EMS（ヨーロッパ通貨制度）を創設する。ただしイギリスは加盟しなかった。この EMS は，今日の EURO 流通の基礎となった。EC 加盟国はそれまでの市場の動向に委ねる外国為替相場政策から，共同管理，変動幅の縮小という事実上の管理相場を採用することになった。EC はアメリカ・ドルに連動する外国為替相場を共同管理することによって外国為替相場を安定させ，さらに加盟国通貨の安定と共同化への布石となるものであった。また EC は経済的な統合の推進だけでなく，政治システムにおいても統合の道を進む。1979年には第1回ヨーロッパ議会の直接選挙が実施され，各国議会とは独立した立法組織が誕生したのであった。

1981年にギリシア，1986年にスペイン，ポルトガルがECに加盟し，12ヵ国体制となる。この新規加盟3ヵ国はヨーロッパのなかでは経済発展が相対的に遅れた地域であった。当時のスペイン，ポルトガルはNICS（新興工業国）と呼ばれた発展途上の国であった。またこれらの国は第二次世界大戦後，ドイツ，フランス，オランダなどへの出稼ぎ労働者送り出し国であった。スペインはフランコ独裁政権のもとで，経済発展どころか民主主義も確立できないような状況にあった。ポルトガルは出稼ぎ労働者の送金によって国際収支の均衡が保たれるような状況もあった。かつてスペイン，ポルトガルは16世紀，17世紀の大航海時代に貿易差額によって世界の富を蓄積してきた時代もあった。また18世紀，19世紀には植民地宗主国としてアフリカ，南アメリカでの植民地支配を行っていた。かつての宗主国・覇権国スペイン，ポルトガルは，資本主義システムの導入が遅れたために発展途上国状態にあった。しかしスペイン，ポルトガルのEC加盟は，経済発展の一大飛躍を遂げる契機となった。ポルトガル，スペインは，ドイツ，イギリスさらにはアメリカなどの企業の進出を受け入れた。出稼ぎに頼る国から工業化が進展する国への転換である。とくにスペインはフランコ政権が倒されてから社会民主主義勢力が政権を担い，外資導入政策を展開したのであった。

　1980年代のECは，加盟国を増加させながら統合の内実化をはかる政策を展開した。しかし1989年，東ドイツにおける大量の難民の発生は，東ドイツ政権そのものの崩壊をまねくことにもなった。西ドイツ政府は東ドイツに東ドイツ・マルク1に対して西ドイツ・マルク1での交換を約束した。当時，両マルクの交換比率は公的には1対1であったが，市場では1対10程度と東ドイツ・マルクは著しく弱体化した通貨であった。それが1対1の交換約束がなされたことから，東ドイツ市民は西ドイツへの帰属，流入を求めていくことになる。その結果，東ドイツ政権の崩壊へとつながったのである。

東ドイツ政権の崩壊は、隣国であるポーランド、チェコ・スロバキア、ハンガリー、ルーマニアなどに波及する。すでにチェコは、1968年に「プラハの春」を経験しているし、ポーランドは1981年に連帯運動によって政権の危機が生じ、ソヴィエト軍によって弾圧された経験をもっている。またルーマニアは、チャウシェスク政権のもとで一種の「鎖国」状態を強いられ、市民は解放を待ち望んでいたのである。こうして突如東欧共産党政権が崩壊し、西ヨーロッパに救いの手を求めてきたのであった。ECからEUへのステップは東欧諸国の政治体制の変化によって加速したのである。

5-3 EU統合の推進

EUには2004年5月、ポーランド、チェコ、スロバキアなど10ヵ国が加盟し、さらに2007年にはルーマニア、ブルガリアが加盟、27ヵ国の統合市場が誕生した。EUは現在、人口約5億人、GDP約8兆EUROで、日本のGDPの3倍にのぼる巨大市場である。

EU統合の歴史は、多くの段階を経て進んだのであった。EUROの流通に象徴されるような統合が飛躍的に進んだのは、1992年のマーストリヒト条約以降であり、1997年のアムステルダム条約によってであった。マーストリヒト条約では、資本、商品、人の移動の自由を保障しただけでなく、外交・安全保障の政治・軍事面、通貨などの経済面、さらに社会保障の充実などの生活・社会面での統合の推進が合意された。さらにアムステルダム条約を通じてEU通貨統合の具体案が提起され、2002年からは各国通貨を廃止し、EUROが流通することになった。

EUの統合は、他の地域経済統合と異なった内容となっている。NAFTAはカナダによって提唱された経済統合で、アメリカ、メキシコが参加している。NAFTAは先進国と発展途上国の経済統合で

あり，関税同盟を主体としたアメリカによるメキシコの低賃金労働力利用を目的としている。アメリカ企業は，マキラドーラに代表されるメキシコの低賃金労働力を使用することによって安価な製品・部品の供給体制を確立したが，それは競争力拡大の契機となった。さらにアメリカは統合を南北アメリカにまで拡大してFTAA（アメリカ自由貿易地域）の確立を目指している。ASEANは東南アジア10ヵ国による関税同盟であり，発展途上国間の対等・平等の関係を形成するものとなっている。またASEANは，日本，中国などの影響力を抑えて，東南アジア諸国・地域の国際分業を発展させながら，同時に先進国市場に依存していくという方向性を追求している。またMERCOSUR（南アメリカ南部共同市場）はブラジル，アルゼンチン，パラグアイ，ウルグアイ，ベネズエラ，コロンビアの6ヵ国による経済統合で，主たる目的は関税同盟である。MERCOSURは，今後加盟国が増大すればFTAAと競合する地域統合となる可能性がある。

　EUはこれら三つの地域経済統合と異なって，いわゆる先進国間の統合の推進であり，関税同盟だけでなく，政治，軍事，社会面での統合を目指している。とくに重要な点は社会保障の整備・推進である。アメリカ型の資本主義は競争社会を前提とした「市場万能主義」を目指している。市場万能主義は，競争，自己責任，さらに小さな政府・「夜警国家」をスローガンとしている。ただしアメリカのとっている行動は，強大な軍事力を背景とした拡張主義であり，ユニラテラリズムといわれる単独行動主義あるいは覇権主義であり，決して小さな政府ではない。このアメリカに対してEUは，市場万能主義ではなく，市場経済機能を活かしながら雇用の創出，雇用の安定とバランスの追求，貧困の排除，社会保障の近代化，男女平等社会，共通の社会政策の追求を目指すものとされている。

　EUはアメリカ型の市場万能主義・拡張主義・覇権主義ではなく，

加盟国の対等・平等な関係と政策の追求に重点を置いているのである。したがって EU は，NAFTA が求めているようなアメリカによるメキシコの安価な労働力利用による競争力の増大策ではなく，加盟国全体の底上げによる安定した社会の確立を目指しているのである。

5-4 EU の共通政策の特徴

共通政策を追求する EU の財政は，各国の拠出金によってまかなわれている。拠出金は各国の GNP に応じた部分と，VAT（付加価値税）の1.4％分が主たる財源である。EU 財政における主な支出は，農業補助金（CAP：共通農業政策）と構造調整による地域援助である。CAP は農業生産者に他の製造部門並みの所得保障，消費者に適正な価格での提供，農業生産性の向上，農業生産の安定，外国農業品からの保護などを目的としており，EU 共通政策の典型とされている。CAP の進展は，EU 農業生産を拡大しただけでなく，農業規模の拡大にもつながった。これまでの EU 農業は，家族的経営が中心であったが，フランス，ドイツなどでは大規模経営農家が誕生するようになった。また EU の農業人口の減少は，全体としての農業規模の拡大をもたらした。さらに農業規模，農業生産性の上昇にともなって農業生産が増大し，一部は過剰をもたらすようになった。これら過剰農産物は，補助金政策のもとで国際価格での輸出が可能になった。輸出は EU 価値価格以下で行われることになり，形を変えたダンピング輸出といわれる。しかし輸出を確保することによって EU 農業の生産拡大を保障し，さらに農家所得を安定的にするものであった。こうして EU 農業は1950年代の絶対的不足状態から恒常的な余剰を生みだすまでにいたったのである。

CAPに示されるような農業政策は，日本の農業政策と基本的に異なっている。日本は，高度成長期を通じてリカード比較生産費説あるいはオリーン要素賦存比率理論などの貿易理論を応用し，農業よりも製造業，高付加価値生産部門への移行を政策課題とした。その結果，現在ではカロリー計算で農業自給率が39％となり，韓国と並んで食糧の海外依存率が高くなっている。日本の農業生産はGDPの2％に満たない産業であり，農家戸数，農業人口も減少し，衰退化の一途をたどっている。日本農業の再生をはかることは，今日では非常に困難な状態にまで追い込まれている。同じ先進国でもEU諸国の農業の位置づけと日本の位置づけは，大きく異なっていることを示している。

EU加盟国であるイギリス，オランダ，ベルギーなどは，かつて食糧などの一次産品を旧植民地に依存する国際分業体制を形成していた。ところがアジア，アフリカ，ラテン・アメリカの旧植民地は次々に独立していき，かつての宗主国―植民地という関係は継続することができなくなった。第二次世界大戦後のヨーロッパは食糧の輸入国になったのである。そこでEC（EU以前の形態）は，ヨーロッパの域内での食糧自給政策を追求したのであった。ECは農業保護政策，補助金政策を実施することにより，食糧不足国から食糧余剰国へ，さらにアメリカに続く食糧輸出国へと転換した。この農業保護の主要な政策がCAPであった。
　EUの農産物輸出はCAPを通じた農業補助金に支えられていた。EUの農産物輸出はいわば「公正貿易」ではなく歪められた貿易ということになる。こうした点がGATTウルグアイ・ラウンドで問題となり，さらにアメリカからも保護主義的な貿易システムであるとの批判を受けるようになる。ただし批判するアメリカも農業に対しては補助金政策を行っており，それがアメリカ財政の負担となっ

ている。したがってEUが補助金政策をやめれば農産物の国際価格が上昇し，アメリカは補助金を削減することが可能になる。アメリカはEUの農業保護主義政策を転換させることによって，アメリカ農産物の市場拡大をねらっていたのである。

カナダ，アルゼンチン，オーストラリア，タイなどの「ケアンズグループ」は農産物の完全自由化を要求している。日本はEUの農業保護主義政策に関しては一定の理解を示している。日本農業の要であるコメの生産が打撃を受ければ，農村を基盤とした保守政党は支持基盤を失うことになるし，なによりも今日の産業構造のなかで農業から他の産業への転換は非常に困難だからである。WTO原則を最も忠実に実行しようとしている日本においても農業部門だけは例外で，対外政策で一定の抵抗を示しているのである。

EUには2004年，ポーランド，チェコ，スロバキアなど中東欧諸国が加盟した。東欧諸国の加盟は，統一市場への参加というよりもドイツ，イギリス企業などによる直接投資の受け入れによって生産力発展を図ろうとするものである。これまでの共産党政権のもとでの「社会主義計画経済」は生産力停滞をまねいた。そこで新しい政権は「社会主義」政策を放棄し，外資導入によって生産力発展を追求していこうとしているのである。ASEAN，中国などが追求している政策のEU版である。中東欧諸国は生産に占める農業の比重が高い。CAPは農業保護，農村社会の安定を保証する内容になっている。したがって新規加盟国とりわけポーランドなどはCAPによる補助金に依存することになる。東欧諸国は既存のEU加盟国に比べ農産物価格が低く，むしろEUへの輸出拡大が農業収入の増大となる。農業国ではCAPの補助金によって農業近代化を促進することが可能になるだけでなく，なによりも農産物価格が大幅に引き上げられることで，農家所得が増大することになる。

CAPと並んでEU統合政策の特徴は，地域政策と雇用政策であ

る。EUでは総体として失業率が高く，若年者の失業の割合が大きくなっている。またEU諸国は日本，アメリカなどに比べて大学進学率が低い。最近，イギリスではポリテクニックなども高等教育に含められて大学進学率が40％台になったが，フランス，ドイツなどは依然として低い。イギリス，フランスなどは日本やアメリカのように学歴をつけて就職するというよりも，古くから存在する階級制度のもとで労働者の職域が固定化され，学歴があるからといって階級をステップアップできるわけではない。また大学に進学する階層は「中流」以上が多く，卒業しても就職をせず，社会勉強をすませてから就職するという形態もある。実社会のほうにも新規卒業者を重点的に採用して社内教育を行うという仕組みはない。イギリスなどでは教育をまったく受けていない階層も多く，このような人々は就職すらできない。失業の増大という状況は1980年代になって深刻化し，これを改善するためにサッチャー政権が登場したのであった。

　EUは1997年に新雇用政策を採用し，加盟各国は，就業能力の向上，起業支援，環境変化への適応能力強化，雇用機会の平等を柱としてガイドラインを設定した。EUにとっては失業者を減らすことが，なによりも財政に占める社会保障費の削減となる。

　EUの通貨・市場統合には，各国の財政の均衡化が前提とされている。イタリアでは財政均衡化のために社会保障費の削減が余儀なくされ，そのため政権がめまぐるしく交替する事態も生じた。また失業率の低下政策は，移民労働者対策でもあった。かつての西ドイツでは低賃金労働力不足が深刻化していた。第二次世界大戦前までは東欧諸国から労働者を受け入れることによって労働力不足を補っていた。しかし東欧諸国の共産党政権の誕生は，ドイツへの労働力流入を困難にした。そこでドイツは，いわゆるガストアルバイターといわれる外国人労働力をトルコ，ギリシアなどから受け入れた。フランスでは旧植民地からの外国人労働力が低賃金労働を支えるこ

とになった。イギリスでもインド，パキスタン，バングラデシュ，ジャマイカ，アフリカ旧植民地からの外国人労働力の流入が増大した。今日ではドイツ250万人，フランス160万人，イギリス100万人が外国人労働者として登録されている。こうした外国人労働者は，経済成長期には低賃金労働力として再生産の網のなかに組み込まれるのであるが，不況期になれば過剰な労働力として社会的な負担が増大する。しかし不況期になっても外国人労働者は本国へ帰るという選択はしない。なぜなら本国へ帰っても職を得ることができない，相対的な高賃金収入の道がない，さらに家族がいれば言葉や習慣の相違から本国へ戻れなくなるからである。こうしてヨーロッパでは大量の外国人労働力が滞留するようになった。本国の労働者の失業拡大に加えて外国人労働者の大量の滞留という問題が生じるようになったのである。したがって EU の労働力・雇用問題は，本国労働者に対しての対策・失業者の削減を求めているのであって，決して外国人労働者に適用する内容とはなってはいない。また中東欧諸国からのイギリスなどの EU 加盟国への労働力移動制限が緩和され，ポーランドなどの労働力が大量に西ヨーロッパに流入している。EU 拡大にともなう新たな労働力移動問題が発生しているのである。

　EU 統合のもう一つの特徴は，地域調整・構造調整策である。1981年にギリシア，1986年にスペイン，ポルトガルが EU に加盟し，南ヨーロッパの経済発展が遅れた国が構成国となった。EU にとっては国民経済間の格差が大きいことは経済的統合の足枷となる。ドイツ，イギリスなどの多国籍企業的展開を図ろうとする企業は，経済的格差を利用して進出することもある。しかし将来の通貨統合，政治統合，財政統合において経済的格差の拡大はむしろ妨げになる。そこで EU は国民経済間の経済的格差を是正するための政策として地域調整・構造調整策を講じたのである。地域調整・構造調整はヨーロッパの平均所得の80％以下の地域であるならば助成を受ける

ことが可能とされている。したがってフランスなどの先進国も助成を受ける対象となる。国民経済間の格差だけでなく，国内の地域間格差の是正も EU の共通の課題となり，加盟国間の平準化を図ることが重要な政策であることを示している。

5-5　EU 統合の主体と今後の課題

　EU は，1986年の「単一ヨーロッパ議定書」，1992年のマーストリヒト条約，1997年のアムステルダム条約によって統合への道を進んできたのであった。それぞれの協定は，経済的な市場統合，外交・安全保障，通貨，社会保障での統合，さらにアムステルダム条約において EU 憲法（改革条約）への道筋を定めたのであった。こうして EU は着実に統合への道を進んでいるのであるが，統合を推進している主体は誰なのであろうか。

　2000年の EU 閣僚理事会はフランス・ニースで開かれたが，この会議には EU 統合に批判的なグループが会議そのものの開催を否定した。グローバリズム反対を叫ぶ人々である。グローバリズム反対を唱える人たちは，EU の拡大をグローバリズムの推進であり，地域，文化，歴史や伝統，外国人居住者，あるいは少数の意見を反映するものでない，と捉える。したがって批判者は，当然のことながらグローバリズムの進展である EU の拡大を阻止するものとなる。またイギリスでは保守党を中心とするイギリス中心思想の持ち主たち，あるいはアングロサクソン同盟を夢見る人たちが，EU 統合に委ねることをイギリスそのものの過去・未来の否定と捉える。このような層は，フランス，ドイツが主流となって EU 統合が推し進めているのであり，イギリスは単なる一加盟国にすぎないとし，統合を積極的に推進することに反対する。1980年代のサッチャー政権は EU に否定的であった。イギリスにおいて EU 参加に積極的な役割

を果たしてきたのは労働党政権であった。労働党政権は EU 加盟を進めることによって「イギリス病」を克服し,労働者を含めた「市民」の生活を保障することができるとしたのである。

ドイツでは社会民主党 (SPD) が EU 統合を推進してきたし,フランスはミッテラン社会党政権に続いてシラク政権も推進派であった。スペインは社会民主党,イタリアは社会党などの中道左派政権が,スウェーデンは社会民主党政権が,それぞれ EU 統合を進めてきた。フランスを除いていわゆる保守主義者は統合には消極的であり,社会民主主義勢力のほうが統合推進論者となっている。

EU は,将来的な政治・経済・社会統合を目指しているが,現実には各国の経済,政治あるいは社会状況は異なっている。そのなかでの統合の論理・政策は,各国の経済社会の平準化であり,所得の均等化を目指すことである。EU は市場万能主義を標榜するアメリカの資本主義システムと異なった目標を設定している。EU 統合は,社会保障の充実を掲げているが,こうした政策は新古典派経済学による政策というよりもケインズ政策に近い考え方である。もちろん EU 統合の論理,とりわけ新規の「EU 改革条約」は市場主義・競争原理をうたっているが,決してアメリカ的な市場主義を求めるものではない。むしろ競争原理の導入は,「旧いヨーロッパ」の資本主義システムに対するアンチテーゼであり,経済社会の活性化へのプロセスを求めているのである。

EU 統合を推進しているのは国家・政府であり,ベルギーに本部をおく EU 委員会である。EU 委員会の政策が各国政府の政策に影響を及ぼしており,EU 統合の主体は EU 委員会を中心とした各国政府ということになる。EU 各国では資本主義保守勢力が政権を握るかあるいは社会民主主義勢力が政権を握るかによって EU への参加度が異なる。1960年代,70年代の EC,近年の EU はいずれも社会民主主義勢力の政府によって統合を推進する政策が提起されて

きた。

　EU統合を推進している主体は何かを特定することは容易ではない。統合の主体を資本家・支配層，あるいは労働者階級などと特定することも意味をもたない。統合の推進主体は国家であるが，その国家を誰が動かしているかである。そうなるとEU諸国は形態上「市民」が主体ということになる。ヨーロッパ型民主主義による国家・政府は，「民意」を反映するシステムの上に成立している。いわばEU統合は「市民」が主体となって政府を成立させ，その結果，アメリカに対抗する地域を形成することを要請していることになる。2003年のアメリカによるイラク戦争に対してフランス，ドイツは参戦しなかっただけでなく，絶えずアメリカに対して批判を繰り返していたことなどがそのあらわれである。イラク戦争は，イギリスがアメリカと同盟軍を形成しイラクに侵攻していったものである。イギリスはEUと同一歩調をとればアメリカ批判を行わなければならず，フランス，ドイツの政策に追従することになる。それはEUにおけるイギリスの主導権の確立を困難にすることを意味している。そこでイギリスは，アングロサクソン同盟に活路を見いだそうとしたのである。しかし今日ではアメリカの侵略戦争は，イラクによる大量破壊兵器の保持という名目がなくなり，戦争そのものの「正当性」が問われている。したがってイギリスでもイラク戦争を推進したブレアー労働党政権は苦境に立たされ，2007年，ブラウンに政権を委譲することとなった。

　EU統合の主体を考えるとき，EU社会民主主義勢力による統合推進は，資本主義保守主義勢力にとっては同意できないことなのであろうか。また市場の統合は新しい資本主義のあり方を示すことになり，従来型・保守的な企業は対応できないことを示しているのであろうか。さらにグローバリズム反対勢力はEU統合をなぜ否定するのであろうか。EUにおける「市民」の生活の平準化，労働者の

賃金上昇は進歩的な側面をあらわすはずであるが，反対の理由は何か。それがグローバリズムという名でのアメリカ型の資本主義市場経済に対するアンチテーゼであるならば，首尾一貫した反対理由といえる。こうした賛否両論があり，保守主義者，グローバリズム反対勢力存在にもかかわらず，現実には統合は着実に進展している。ドイツ，フランス，イギリスの間での主導権争いがあり，また，スペインなどの加盟国も必ずしも EU 委員会の政策を承認しているわけではない。むしろそれぞれの加盟国は「国益」の確保を主張している。そうしたなかで加盟国の「国益」を調整する論理・政策はどのようなものなのか，また誰が調整するのであろうか。東欧諸国が EU 加盟を急ぐ理由は何か。EU 統合は，「地域主義」の台頭であり，同時にアメリカに対抗する形態であるとしたら，アジア地域はどのように対処すればよいのか。発展途上諸国は先進国の統合に対して取り残されるだけになるのか，など数々の課題がある。こうした課題はあるにせよ，EU の統合が進展していることは否定できない。同時に，その統合は理念通りに進み，最終的には政治・経済・社会統合として，国家を超えた連合体あるいは大欧州国家の誕生となるのかは，いまのところ確定的でない。

第6章　発展途上国の経済成長と政策課題

6-1　発展途上国の開発

　発展途上国とは Developing Country の日本語訳である。Development には「発展」だけでなく「開発」という意味もある。日本の経済産業省は「発展途上国」としているが、外務省は「開発途上国」と呼んでいる。国連は「開発」あるいは「発展」という言葉を、適正技術開発、基本的ニーズ、総合農村開発、技術移転、開発における女性、インフォーマル部門、プライマリーヘルスなどのキーワードに用いている（中村尚司「永続可能な発展と社会経済システム」芦田文夫・高木彰・岩田勝雄編『進化・複雑・制度の経済学』新評論、2000年、参照）。要するに発展途上国の「発展」あるいは「開発」は、欧米資本主義諸国の生産力を基準としてどこまで開発が可能か、どの程度まで進めることができるかという内容である。欧米資本主義諸国の生産力を基準とすれば、発展途上国は経済発展の遅れた地域として位置づけられる。欧米資本主義諸国は平均すれば1人当たりGDP は2万ドルを越えている。対して発展途上国は1人当たりGNI が9385ドル以下（2003年国民所得）の国・地域である。先進資本主義諸国から見れば GDP あるいは GNI が小さいことは経済発展が遅れた国・地域であり、したがって「発展」あるいは「開発」が必要であることになる。経済発展の必要性は、ヨーロッパ的な進歩史観に立つ考え方、すなわち経済発展こそ人類が求めてきた「理想」の社会形態という考え方である。経済発展は当然のことながら生産力の向上を意味している。生産力の向上は多くの有用な財・商品生産を可能にする。多くの財・商品生産は、人びとの生活を豊か

にする。なぜならば多くの財・商品を消費できるならば生活水準が上がるからである。人類は財・商品の生産力水準の向上を目指して絶えざる技術の発展，新商品の開発などを図ってきた。それが資本主義社会の目指す方向でもあった。

世界銀行あるいは国連は，発展途上国を1人当たりGNIが875ドル以下の国をLDC（Least Developed Country），876ドルから3465ドルの間の国を低位の中所得国，3466ドルから9385ドルまでの国を中高所得国と分類している。1人当たりGNIが9386ドル以上の国は高所得国（Developed Country）である。LDCの国はアフリカに集中しており，南アジアなどを含め50ヵ国となっている。高所得国は西ヨーロッパ諸国，日本，オーストラリア，ニュージーランド，カナダ，アメリカ合衆国，さらにアジアの韓国，台湾，香港などの国・地域である。

LDCと分類される低所得国は主として，アフリカ，とくに東アフリカおよびサヘル以南のアフリカ諸国に多く存在している。ブルンジ，エチオピア，コンゴ民主共和国などの国の1人当たりGNIは，年間200ドル以下である。これらの国は1960年代のGNIと比較しても変化がないかあるいはむしろ低下している。アフリカの諸国は独立しても経済発展が進まず，先進国あるいは東アジアの国・地域との経済格差が広がっている状況を示している。

中国の2006年のGDPは2兆6668億ドル，1人当たりのGDPは約2010ドルであり，低位の中所得国となる。ところが1990年代の中国の1人当たりGDPは800ドル以下であり，当時はLDCであった。中国は年率10％近い経済成長を続けており，それが短期間でのLDCからの脱出を可能にしたことになる。

韓国は現在の1人当たりGDPは約1万8000ドルであるが，1997年の「アジア通貨危機」時には7000ドル以下となった。1996年のGDPは1万ドル越えていたのであるが，韓国は，統計上は1998年

に発展途上国の地位に下がったことになる。韓国の国民生活は，1997年通貨危機を通じて失業者の増大やインフレーションの進行で大混乱に陥った。しかし，1997年を境にして韓国民が極端に貧しくなったわけではなかったし，生活水準が30％も下落するような事態に陥ったわけではなかった。ドル表示の GDP は下がったが，韓国ウォンでの所得は変わらなかったからである。

　日本の2006年の名目 GDP は509兆円であり，1人当たりにすると約400万円となる。ドルで表示すれば約3万7000ドルになる。単純計算すれば「最貧国」の年間所得の約200倍である。「最貧国」の年間所得は，日本人の平均所得の2日分でしかないことになる。また日本の1人当たり GDP は，中国の約18倍であり，世界でも高位に位置している。1995年には日本の外国為替相場は1ドル＝80円でドル安の状況にあった。このときの GDP をドルで表示すれば4万ドルを越える。また1971年以前のドル相場は1ドル＝360円の固定相場制であり，今日の1人当たり GDP 400万円を当時のドル外国為替相場で表示すれば約1万1000ドルにすぎない。このように各国の GDP または GNI を，アメリカ・ドルで表示する場合には，それぞれの国民所得の実態あるいは生活実態を正確にあらわしていないことになる。すなわち外国為替相場の変動によってドルで表示される GDP または GNI は，大きく変動するからである（ミント，H.『開発途上国の経済学』木村修三・渡辺利夫訳，東洋経済新報社，1981年，4ページ，参照）。

　多くの発展途上諸国は，慢性的な国際収支の赤字に悩んでいる。国際収支赤字を改善するには，輸出を増加させるか輸入を減少させるかのいずれかである。発展途上諸国にとって輸出の増大は容易でない。輸出増大のために，国際通貨に対して自国通貨の切り下げを実施する場合が多くなる。自国通貨を切り下げれば，ドル建て輸出価格の低下が可能になるからである。ドル建て輸出価格を切り下げ

ても，自国通貨建て価格は変わらないので，とりあえず輸出者の損失は少ないことになる。したがって発展途上諸国にとって輸出増大のための政策には，外国為替相場の切り下げが有効になる。しかしドル建て輸出価格を下げて輸出を増加させても，輸出によるドル収入の増加は期待できない。輸出は輸出数量が同一であれば，ドル建て価格を引き下げた分だけドル取得が小さくなる。ドル取得を多くするためには輸出数量の増加が必要になる。輸出数量の拡大は，輸出生産者の自国通貨取得を増加させるが，ドル取得が同じなので国民経済的には不利益となる。自国通貨の切り下げは，結果として輸入品に対する自国通貨建て価格を高くする。輸入価格の上昇は，輸入を抑制することにつながるが，国内の消費者物価水準の上昇をまねくことになる。多くの発展途上諸国は工業製品だけでなく生活必需品あるいは食糧まで外国に依存しているから，国民生活の低下が顕著になる。さらに外国為替相場・ドル相場の切り下げは，ドル建てGDPを小さくする傾向をもつ。発展途上諸国のGDPは主として生産力水準の絶対的発展が低いことによるが，絶えざるドル相場の切り下げによって，ドル建てGDP表示が低くあらわれることになり，統計上はますます貧困が累積しているようにあらわれる。

　発展途上諸国はドル建てGDPが低く，貧困だけが累積し，経済発展は進んでいないのであろうか。国連に加盟している197ヵ国のうち85％は発展途上国に分類されている。アジアでは日本，韓国（1万8000ドル（2006年の1人当たりGDP。以下同じ）），香港（2万7000ドル），シンガポール（2万9000ドル）以外のすべての国・地域が発展途上国である。インド（771ドル），パキスタン（931ドル），バングラデシュ（462ドル），ベトナム（656ドル）などとなっている。アフリカ，とくにサヘル以南は，南アフリカ共和国を除けばすべてLDC国である。しかしアジアの発展途上国とくにASEAN諸国・地域は，中国と並んで最も経済発展が進んでいる。タイ（3185

ドル），マレーシア（5428ドル），インドネシア（1350ドル）は経済成長率がいずれも5％を超え，中国と並んでいまや「世界の工場」の一角を占めている。東アジアの韓国，台湾は1970年代になってから急速な経済発展が進んだ国・地域である。1990年代になると，一部の韓国，台湾企業の生産高，売上高は，先進国企業水準に達している。第二次世界大戦後独立した発展途上諸国では，経済発展が進んだ国・地域と停滞している国・地域の両極化が顕著となっている。

発展途上国問題の解決策とはどのようなものか，あるいは発展途上国問題の解決とは生産力の発展あるいは国民所得の向上なのかが，今日問われている経済学の課題である。経済発展あるいは生産力の増大は，新しい産業の育成・工業化の進展，農業生産性の上昇によって可能になる。発展途上国の生産力発展にはどのような道があるのか。発展途上国は工業化のための資金，技術をどのように調達するのか，などの諸課題がつねに横たわっている。

1970年代の韓国，1990年代の中国の経済発展は，決して自前の資金で達成できたわけではない。アメリカ，日本などの援助をはじめとして海外からの資本輸入，技術導入などが生産力増大を促したのである。技術導入は，多国籍企業の進出あるいは外国企業との合併・提携，さらには高価な対価を支払ってのものである。日本は資本主義システムを導入したのが明治期であるが，鉄道，鉄鋼，紡績，造船，機械などの主要産業のいずれにおいても外国からの技術導入あるいは外国人技術者に依存していた。資金は租税制度を確立することによって一部調達できたが，必要な外貨・貨幣用金は十分な準備がなかった。日本の近代的な貨幣制度の確立は，1894年の日清戦争によって当時の清国から賠償金を獲得し，金本位制度のための準備金を得てからであった。ヨーロッパを除けば，多くの発展途上国は，自前の資金で生産力発展を行うことは不可能に近い。そこで発展途上国はどのようにして資金や技術を調達するのかが当面の課題

となったのである。

6-2 発展途上国の「自立化」過程と政権の性格

　第二次世界大戦後，植民地であった発展途上国は，次々に独立していった。1940年代，50年代はアジア諸国が中心であり，1960年代はアフリカ諸国が植民地から独立国家となった。独立は自立的な国家形成および国民経済形成を目的としたのであった。発展途上国はかつてヨーロッパ諸国，日本などの宗主国支配のもとで住民の生活向上どころか，生産力発展も果たせなかった。独立はヨーロッパ宗主国などとの経済的関係すなわち食糧・原料供給地としての役割から脱出することを意味していた。発展途上国の政策の基本は，宗主国の意向に左右されない自らの選択による経済発展の道であった。したがって独立運動は当然のことながら「国家」の自立への道であった。しかし「国家」の自立には，少なくとも自主財政確立のための租税制度の整備，国民の政治への参加，さらに国民の所得の向上を図らなければならない。「国家」の自立のための政策を実施するのは，政府および指導者である。発展途上国の自立化にとって重要なのは，政府の性格および誰が指導者になって政権を担うのかということである。アフリカをはじめとしてアジアの諸国でも，独立運動の指導者が政権を握る場合がしばしばあらわれた。アジアではインドのネルー，ベトナムのホーチミン，インドネシアのスカルノなどいずれも独立運動の指導者が政権を担った。アフリカではコンゴ（のちのザイール，今日のコンゴ民主共和国）のルムンバ，ギニアのセクトーレ，ケニアのケニアッタ，タンザニアのニエレレ，ガーナのエンクルマなどが代表的な指導者であり，これらの人々が政権を担った。1960年代は発展途上国運動の高揚期であり，これらの指導者は「独立国家づくり」の意欲に燃えたのであった。

1959年，キューバでフィデル・カストロ，チェ・ゲバラらに指導された革命が起こる。キューバは，革命を通してアメリカによる実質的な支配状況から脱出し，独立国家として自律することを宣言した。革命後のキューバでは，旧ソ連が経済的・政治的な関与を行い，さらに「ミサイル基地」の建設を図ろうとした。当時のアメリカ大統領ケネディは「キューバ封鎖」を実施し，キューバを経済的に窮地に追い込む政策をとった。アメリカは，カリブ海というのど元での「社会主義」政権の誕生が，ラテン・アメリカ全体に波及することを阻止しなければならなかった。カリブ海での旧ソ連の影響力が増すことは，アメリカの資本主義システムそのものを危機にさらすことになるからである。アメリカによる「キューバ封鎖」は，今日まで継続しているだけでなく，より強化されてきている。キューバはアメリカの封じ込め政策にもかかわらず，独自の政治・経済システムを維持している。しかし1990年代にキューバの主要農産物であるサトウキビの輸出価格が低下し輸出も減少した。キューバ経済を支えたサトウキビ生産の減少は，「自立的経済」建設の可能性を小さくし，さらに慢性的な国際収支赤字状況をつくりだしている。キューバはアメリカの経済封鎖による困難だけでなく，旧ソ連の崩壊による「援助」の減少によって，今日でも経済的な困難が継続している。

　ベトナムは第二次世界大戦後，南北に分断された。「南ベトナム」はフランスによって，その後アメリカによって事実上の植民地支配状態におかれた。そこで「南ベトナム」は民族自立，植民地支配からの脱却を目指すことになる。いわゆるベトナム解放戦争の始まりであり，アメリカへの挑戦であった。ベトナムは1975年に戦争が終結し，南北統一が達成された。ベトナムは戦争あるいは旧ソ連の崩壊などの影響のもとで，ASEAN 諸国に比べ生産力水準が停滞した。そこでベトナムは，「ドイモイ」政策と呼ばれる開放政策を行うこ

とによって，資本主義的な市場整備をはかり，外資導入を促進する政策を実施した。

キューバ，ベトナムはいずれも独立運動・解放運動の指導者が政権を担い，「国家」の自立化の目標を達成しようとした。今日，キューバは「社会主義」システムを維持する政策より，反アメリカ・反帝国主義を貫くことを原則とする社会建設を行っている。ベトナムは国名に「社会主義」をつけているが，経済的な実態は中国と同様に資本主義システムを導入している。

1980年代，90年代のアジアでは，東アジア諸国・地域の経済発展が著しく，インドにおいても鉄鋼，情報，石油，化学，繊維などの産業が急速に拡大している。インドは中国に続いて21世紀の経済発展の象徴的な国として位置づけられている。第二次世界大戦後独立した発展途上諸国は，国・地域によって経済発展状況が大きく異なってきたのである。したがって1960年代に「南北問題」として国際関係の特徴的な契機となった発展途上諸国問題は，今日では「発展途上国一般」としてすべての国・地域を一括りにすることはできない状況になっているのである（ミント，前掲書，8ページ，参照）。

1960年代は「アフリカの年」といわれたように，アフリカの旧植民地が次々に独立した。19世紀の末にアフリカ地域は，イギリス，フランス，ポルトガル，ベルギー，ドイツ，イタリア，スペインの植民地になった。植民地はヨーロッパ宗主国のための食糧・原材料供給地としての位置づけであった。第二次世界大戦後，アフリカでは，アルジェリアの独立戦争を契機として中央アフリカ，サヘル以南さらにアフリカ全土にわたって独立運動が拡がっていく。アフリカ植民地の独立は，宗主国・先進国にとっては市場としての意義の低下，すなわち安価な原料・食糧の供給地，あるいは商品の販売市場を失うことを意味していた。したがって旧宗主国は，新しい発展途上国政策を確立する必要に迫られた。旧宗主国による新たな干渉

政策は，独立運動の指導者あるいは反帝国主義・反ヨーロッパ・反アメリカ政権の打倒であった。やがて多くの独立運動の指導者は，アメリカ，ベルギー，ポルトガル，フランスなどの政治的・軍事的介入によって殺害されたり運動から排除されていく。アフリカを中心とした「南北問題」は，独立運動の指導者の排除によって新たな展開をみせた。

アジア，アフリカ，ラテン・アメリカでの多くの独立運動は，「自立的国民経済」の形成を目的としていた。「自立的国民経済」とは，自分たちの国家を設立し，自分たちで政治・経済運営を行うことであり，政治・経済主権を確立することである。同時に「自立的国民経済」の確立は，決して「社会主義」建設を目指すものではなかった。当時，発展途上国が目指す経済社会は，資本主義への道，社会主義への道，非資本主義への道と分かれていた。共通項は「自立的国民経済」の形成である。「自立的国民経済」形成を目指す運動は，先進国に対してアジア・アフリカ会議などの共同行動として結実した。したがって発展途上国運動の基本は，反帝国主義・反植民地主義であった。反帝国主義・反植民地主義運動は，先進国支配からの離脱を意味していた。貧困であっても「独立国家」として自らの手で政治や経済を運営し，自立的国民経済を建設することが，すなわち支配からの脱却である，と位置づけたのであった。

独立時の政権が維持されているキューバやベトナムは，今日のアフリカ諸国などと比べると例外的である。多くのアフリカ諸国は，「民族自立」あるいは反アメリカ・反植民地主義を徹底できなかった。アフリカ諸国は，独立過程では複数民族による国家形態をとらざるをえなかった。「複数民族」によって成立した政権は，「国民的利益」の追求よりも「民族的利益」を重視する政策を採用した。政権を担っている民族を優先する経済・政治政策は，他の民族の不利益となる場合が多く，紛争の種を助長することにつながった。多く

のアフリカ諸国では,「国民的利益」よりも「民族的利益」を重視する政策をとったことにより,政権がつねに不安定になった。そこに先進国が介入する余地が生まれたのである。

　発展途上国運動は,1964年の第1回の UNCTAD(国連貿易開発会議)に結実していく。発展途上国の要求は,UNCTAD によってはじめて国際的に統一化された。発展途上国の国際的経済運動は「trade not aid(援助ではなく貿易を)」であった。発展途上国の経済発展が進まない大きな要因は,貿易における不均衡にある,と主張した。発展途上国の輸出品は一次産品であった。しかし発展途上諸国の輸出品は,価格が上がるどころか低下傾向にあり,輸入品である工業製品の価格は上昇の一途であった。貿易は一次産品価格と工業製品価格がいわゆる鋏状価格差の状況であった。一般に工業製品は生産性が上昇すれば1単位当たりのコストが低下する。コストの低下は販売価格を下げることを可能にする。ところが農業などの一次産品は,急速な生産性の上昇を図ることはできない。なぜなら農業品は土地の制約,天候あるいは自然との関係でコストの低下が困難だからである。一次産品のコストの低下が困難であることは,価格が低下するのでなく,むしろ上昇しなければ,農民の所得の増大には結びつかない。農民が一般労働者並みの所得を得るためには,農産物生産を大量に増大するか,もしくは価格の上昇を図ることが必要である。農業における大量生産,価格引き上げはどちらも困難な政策である。ところが国際間では工業製品の価格が上昇し,一次産品の価格は低下傾向にあった。したがって一次産品輸出国は,貿易によって不均衡を強いられることになる。発展途上国が貿易の均衡を図るためには,一次産品価格の上昇かあるいは工業製品価格の低下が必要である。発展途上国は貿易の均衡を求めて,一次産品価格の上昇を訴えたのである。いわゆる「公正貿易(fair trade)」の要求である。

UNCTADでの発展途上国の主張に先進国は応えることはなかった。発展途上国の一次産品価格の低下傾向は，先進国にとって原材料コストを軽減させるだけでなく，国内農産物価格の上昇を抑える要因となる。したがって発展途上国の要求である「自立的国民経済」の形成は，援助よりも公正貿易の拡大を望んだものであった。しかし先進国は公正貿易の実施どころか，援助にも差別化・選別化を図った。とくにアメリカによる1965年のベトナム戦争は，「民族自立」を否定するものであった。アメリカは旧ソ連・東欧諸国の影響力が強い国・地域に対して，「封じ込め」政策を実施した。アメリカは，共産党あるいは社会主義勢力が浸透している東南アジアとラテン・アメリカに対して，武器を含む大量の援助政策を行った。いわゆる「反共」政策の展開である。日本はアメリカの政策に追随し，戦争賠償を含めアジア地域を中心に援助を増大させた。アジア地域への援助は，軍備だけでなくインフラ整備にも向けられたが，それはやがて生産力発展の基盤になった。

第二次世界大戦後，アジア・アフリカの旧植民地・従属国は独立し，近代国家体制を確立しようとした。アジア・アフリカの独立運動を担った人びとの階層・出身民族，あるいは政治姿勢は，その後の発展途上諸国の政策あるいは国家＝政府の形態に大きな影響を及ぼすことになった。植民地からの独立に関しては，インドが一つの典型例である。ガンジーに代表されるインド国民会議派は，戦争・内戦などをともなわずにイギリスからの独立を獲得した。インドの独立は，特定の政治勢力や軍部の介在ではなく，ガンジーに指導された大衆によってもたらされたものである。ガンジーはヒンズー教，イスラム教，シーク教，仏教，キリスト教，ゾロアスター教などインドの複雑化した宗教問題および民族問題を棚上げにして，独立闘争を展開したのであった。インドの独立は，その後のインドシナ，東南アジア，そして1960年代のアフリカ地域の独立に大きな影響を

及ぼした。インド以外の多くのアジア・アフリカ地域の独立は、旧宗主国や支配層との戦いによって勝ちえたのであり、多大な犠牲者を出すような独立運動の結果であった。したがって独立運動の指導者は軍人であったり、アメリカ、ヨーロッパでの留学生活を経験した知識層であったり、一部の富裕層であったりした。アジア・アフリカにおいて独立運動の指導者が一部の軍人、知識層あるいは富裕層、「エリート層」であったことは、これらの地域では資本主義的生産関係が全社会的に浸透していなかったこと、近代的労働者層が形成されていなかったことを示している。労働者・大衆が独立運動の主体を担うという状態ではなかったのである。また農民層の多くは、土地所有から切り離され、プランテーションなどの農業労働者として無権利状態の生活を余儀なくされていた。したがってアジア・アフリカ地域の独立運動は、当時の一部の「エリート層」が担わなければならない必然性があった。

　アジア・アフリカにおける独立運動の担い手は、必ずしも発展途上国の民主化運動の担い手になったわけではない。アフリカにおける民主化運動の担い手は、民族間の対立・部族間の対立、あるいはアメリカ、ヨーロッパ諸国の不当な介入によって、のちに抹殺されるかあるいは投獄などによって、政権を長期にわたって維持することができなかった。アジア、アフリカ、ラテン・アメリカなどでは、アメリカ、ヨーロッパの旧宗主国などの介入によって傀儡政権が誕生したり、軍事独裁政権が樹立されたりした。独立にともなう多くの国の民主化運動は、先進国の介入や弱体な政権基盤などによって継続できなかったのである。とくにアメリカは1960年代に入ってから、発展途上諸国に対する政治・軍事介入を本格化した。その象徴的な事件がベトナム戦争であった。この時期アメリカは、経済的援助を通じた反共産主義体制を貫き、発展途上諸国に対する差別化・選別化政策を拡げていく。

1960年代は「アフリカの年」ともいわれているように,「反帝国主義・反植民地主義」を掲げた独立運動が拡大した。独立した諸国は,「反帝国主義・反植民地主義」をスローガンとして「自立的国民経済」の形成を目指すようになった。アフリカ,ラテン・アメリカ,アジアの一部の諸国では,反アメリカ・反ヨーロッパをスローガンとした民族主義の台頭,あるいは「社会主義社会」を形成しようとする運動も生じた。1959年の「キューバ革命」はその典型であった。「社会主義社会」建設は,旧ソ連・東欧諸国の影響を受けていた。西ヨーロッパ諸国に比して旧ソ連・東欧諸国の生産力水準の遅れは,この段階では顕著になっていなかったからである。1965年にはベトナム戦争が本格的に拡大する。さらにインドネシアでは1964年にスカルノ政権が軍事クーデターによって崩壊し,スハルト軍事政権が誕生する。また韓国は1965年に日韓条約を締結し,日本の援助・直接投資などを積極的に取り入れる政策に転換する。アジアを中心にしていわゆる「南北問題」は,新たな展開を見せることになったのである。

　「非資本主義社会」の建設を目指した発展途上国は,一方で反アメリカを鮮明にし,他方で旧ソ連・東欧諸国との連携を強化する政策を打ち出した。1960年代の発展途上国たとえばインドなどは,旧ソ連・東欧諸国との連携を図る国であった。中国との連携を行おうとした国は,ザンビア,タンザニア,アルバニアなど少数であった。当時の中国は,自らが発展途上国であり,さらに1965年から本格化した「文化革命」で国内が混乱していて,発展途上国政策を本格的に展開できるような状況ではなかったのである。

　「社会主義」社会建設を基軸に据えた発展途上国は,一般に強力な指導者によって政権が維持されてきた。最近までキューバはフィデル・カストロが1959年革命以降も指導的地位にあった。これらの国はいわば「カリスマ」的な指導者によって運営されてきたのであ

る。したがって政府は，当然独裁的な性格を帯びざるをえないような状況がある。独裁国家においては，民主主義的な手続きにもとづいて政策が決定されるのでなく，指導者・独裁者の意向にそって政策が決定される。その政策が人びとの暮らし，人権，自由などを保障し，経済的発展をもたらすのであれば，むしろ独裁的政権のほうが政策を遂行しやすいという側面もある。反帝国主義・反植民地主義運動は，民主主義を原則としなければならないのであるが，しかし現実に独裁政権の維持は，民主主義的な手続きを経ない社会となる。独裁政権のもとでは，やがて大衆の離反が進行することになる。発展途上諸国の現実は，どの国においても民主主義の確立はおろか経済発展もままならない状況にある。唯一キューバは，アメリカの長期わたる経済封鎖のなかで，配給制度や教育費，医療費の無料化を維持していることから，政権あるいは政治体制の崩壊をまぬがれている。キューバは例外として，多くの発展途上国は政権の基盤が弱く，いつ崩壊しても不思議でない状況にある。したがって多くの発展途上国は，いわゆる保守勢力あるいは軍部の台頭を許すことにつながる。とくに保守勢力，軍部は，アメリカ，西ヨーロッパ諸国と結びついて政権を崩壊させようとする。それが一部のアフリカ諸国で生じている民族紛争，内戦の原因にもなっている。

　それでは「社会主義」社会建設を目指すのではなく，あるいはカリスマ的な民族独立運動の指導者が誕生したのでもない発展途上国は，どのような経済発展の道をたどったのであろうか。とりわけアメリカの傀儡政権が支配する，あるいは軍事政権が支配する発展途上国は，どのような社会形態をめざしたのであろうか。

　ザイール（今日のコンゴ民主共和国）のモブツ政権の末期は，政権の腐敗が進んだだけでなく，大衆の生活まで脅かされることになる。それはモブツ大統領一族による援助資金の私的流用・私物化が主たる要因である。ザイールへの援助資金は，経済基盤整備に使用

されるのでなく，モブツ一族の資金として外国銀行に不正蓄財された。ザイールは，1960年代後半にコバルト，銅鉱石，ウラニウムなどの戦略物資を産出する国として位置づけられていた。1960年代後半からはじまったザイールに対する援助は，アメリカによる電力施設の整備，ヨーロッパ諸国による鉄道建設，日本による橋梁建設などであり，ザイールの経済発展を可能にするように見えたのであった。ところが1974-75年の世界恐慌は，ザイールの戦略的地位を後退させることになった。先進資本主義諸国の経済停滞および代替物資の開発は，コバルト，銅鉱石などの戦略物資の需要を減少させることになったからである。それはザイールに対する援助資金の削減を意味していたし，豊かな鉱物資源を利用した経済発展の道ではなく，援助を不正に利権化するモブツ政権の独裁化への道であった。

6-3 発展途上国問題の現況

1960年代，発展途上国の運動の基軸は，反帝国主義・反植民地主義，民族自立・自立的国民経済形成にあった。先進資本主義諸国の側での「南北問題」の位置づけは，発展途上諸国の対決姿勢に対して，新たな対応を迫られるとともに，発展途上諸国を先進資本主義世界市場にいかに組み込んでいくかということにあった。先進資本主義諸国の「南北問題」の論理は，新たな形態での発展途上諸国に対する支配を目的としたものであった。すなわち先進資本主義国の発展途上諸国への対策は，かつての旧植民地・従属国の原材料，食糧の供給基地としての役割，販売市場としての役割，過剰人口の処理地としての役割に加えて，新たに現地生産・直接投資を可能にする市場として編成していくことであった。

発展途上諸国の運動の原理は，先進資本主義諸国の新たな支配・従属関係の確立に対抗すること，いわば支配からの脱却であった。

1960年代の「南北問題」は，先進資本主義諸国と発展途上諸国の論理あるいは運動形態が相対立する内容をもつものであった。発展途上諸国の運動原理は，具体的には非同盟運動であり，UNCTAD あるいは「アジア・アフリカ会議」などでの総意によって示された。しかし先進国，発展途上国の両者による「南北問題」の論理・運動が展開できたのは，1970年代の初めまでであった。1974-75年世界恐慌は，発展途上諸国の運動および先進資本主義諸国の対応を変化させる契機となった。

発展途上諸国の運動は，なによりも「自立化」への道であった。発展途上諸国の側からすれば，鉱物資源をはじめとした発展途上諸国の資源の所有権を先進諸国から取り戻し，自国の経済発展のための原資とすることは当然のことであった。また発展途上諸国の生産する一次産品の価格決定権，生産量，輸出先などを自らが決定できる体制の確立は，発展途上国と先進国が対等・平等の関係にあることを実践的に証明することであった。こうした運動の原理・行動は，自立的国民経済の形成を目指すものであり，世界市場に対等・平等に参加するものであり，国際関係秩序の変更を求めるものであった。しかし発展途上国が資本主義世界市場に参加するためには，非資本主義の道を歩むのでなく，資本主義社会の建設の道が必要であった。UNCTAD で強調された発展途上諸国の要求は，先進国側の価格，数量，関税，輸入規制などのいわば「不公正」な貿易システムの是正であって，貿易の意義や資本主義的競争を否定するものではなかったのである。したがって発展途上諸国の要求である「援助ではなく貿易を」のスローガンに示されている貿易システムの変更は，先進国による世界市場支配からの離脱であり，自立化への一歩であり，世界市場への対等な参加である。とくに援助の受け入れは，自立的国民経済形成を妨げるだけでなく，先進国の支配を強化することにつながるという懸念があったからでもある。こうした発展途上

諸国の運動原理は，UNCTADにおいても変わっていく。

　1968年の第2回UNCTAD総会では，「援助も貿易も」というスローガンがうたわれるようになった。先進国による発展途上諸国に対する干渉は，援助を通じて行われる。とくに先進国は，反帝国主義・反植民地主義あるいは反アメリカ・反ヨーロッパをスローガンとしない，すなわち親アメリカ・親ヨーロッパ政権に対して援助を増大していった。またアメリカは，反帝国主義・反植民地主義，反アメリカ・反ヨーロッパを標榜する発展途上国には，傀儡政権樹立の試みや，事実上の経済封鎖を行うことによって自立化を妨害した。とくにアメリカの政策は，ラテン・アメリカなどで展開された。

　親アメリカ・親ヨーロッパ発展途上諸国への援助は，韓国に代表されるように産業基盤形成を促進し，生産力水準の一定の増大をもたらした。いわゆる急速な経済成長あるいは「東アジアの奇跡」と呼ぶような事態が誕生したのである。

　1960年代までの発展途上諸国の運動原理は，先進国にとって世界市場の発展・拡大を困難にするものあり，対発展途上国政策の変更を余儀なくされるものであった。先進国にとって発展途上国を新たな市場として生成・拡大していくことは，まさに市場問題の解決策である。もちろん発展途上諸国の市場としての位置は，輸出市場ばかりでなく，多国籍企業的展開の一端として，遊休貨幣資本の処理市場として，あるいは安価な労働力の確保を可能にするものとして存在する。したがって先進国にとっては発展途上諸国をいかにして資本主義的生産体制に組み込んでいくかということが課題になり，発展途上諸国に対しての干渉あるいは関与が行われてきたのであった。このように先進国による発展途上諸国に対する政策は，資本主義的生産関係を植え付けることであり，同時に先進国に似せた市場を形成していくことである。先進国による発展途上国政策は，発展途上国の自立的国民経済形成とは対立することになる。

先進国による干渉・関与政策は，同時に発展途上諸国の自立的・民族運動を高揚させていく面をもった。インドシナにおける民族自立運動は，象徴的である。発展途上諸国の民族自立化運動は，インドシナだけでなくアジア，アフリカ，ラテン・アメリカにまで拡大していった。発展途上諸国の運動は，先進国による市場メカニズム形成を揺るがすものであり，先進国の対発展途上国政策の強化あるいは転換を迫ることになる。しかし発展途上諸国においても民族自立化の運動原理は，方針転換を余儀なくされるという事態が生じた。発展途上諸国は生産力発展を至上命令として，資本主義的システムの導入を急いだのであった。そして発展途上国における資本主義的生産システムの確立は，反帝国主義・反植民地主義あるいは反アメリカ・反ヨーロッパの運動原理の転換を余儀なくさせたのである。

　1970年代に入ってからの発展途上諸国の運動原理は，明らかに変化する。多くの発展途上国は，生産力水準の増大と貧困の解消を目指すために資本主義への道を選択しなければならなかったのである。それは1950年代や1960年代の発展途上諸国の運動原理あるいは「南北問題」とは異なるものであった。発展途上国が資本主義への道を歩むことは，かつてのような先進国との対立という運動原理の変更を意味した。発展途上国における資本主義への道は，むしろ先進国へすり寄る政策に転換することを強いた。もちろん発展途上国の先進国へすり寄る政策への転換は，先進国による発展途上国への干渉によって，また発展途上国内部における運動の分裂などによって生じたのであった。

　発展途上諸国の運動原理は，1960年代の後半まで少なくとも反帝国主義・反植民地主義という基本方向で一致していた。しかし反帝国主義・反植民地主義の運動原理は，非資本主義への道を目指すものではなかった。たとえば1960年代に活躍した77ヵ国グループ（のちには参加国はさらに拡大する）は，当時の韓国などの反共をテー

ゼとする国・地域も加盟していた。ただし発展途上国の政権を握っている一部の政府は，マルクス・レーニン主義を掲げ，あるいは「社会主義」社会建設を目標としていた。またインドのように独自の「社会主義あるいは国家資本主義」を目指した国も存在した。しかしこれらの国は，資本主義と異なるシステムの目標を掲げたものの，実態として生産力水準の低い段階にとどまった。もちろん先進国は発展途上国に対して政治・経済への介入，援助の削減などの政策をとってきた。同時に発展途上国には，旧ソ連，中国などの政治的・経済的影響があり，アジア・アフリカの国において独自の「社会主義」社会建設は進展しなかったのである。自立化を目指した発展途上諸国の運動は，1970年代になると総体として資本主義への道を歩まざるをえない状況に変わっていく。

6-4 韓国の経済発展の軌跡——発展途上国からの離脱

　1960年代の韓国は1人当たり GDP 150ドルの発展途上国であった。韓国は1970年代「漢江の奇跡」を遂げ，今日「先進国」として国際分業の一翼を担っている。韓国は発展途上国の経済発展の「韓国型モデル」として，すなわち外資・外国技術依存，外国市場・輸出主導型経済としてアジアの諸国・地域のモデルとなっている。韓国では多くのアフリカや南アジア諸国と異なって急速な経済発展が行われた。韓国の経済発展は，そこに特有の条件が整っていたからであった。

　韓国は1950年代後半の一時期を除けば軍事独裁政権が支配する国家であった。1950年代は李承晩大統領の独裁下で政治が行われていた。やがて李政権は「民主化」運動によって打倒され，一時期「民主」政権が誕生する。しかし当時の世界情勢はいわゆる「冷戦」期であった。韓国はアメリカによって北朝鮮，中国の「社会主義」の

進出を阻止する砦としての重要な位置が与えられていた。アメリカの援助は朝鮮戦争後も継続する。韓国ではアメリカ駐留軍向けの日用品，食料品，衣類などの生産が拡大した。1960年代になると再び軍事政権である朴正煕政権が誕生する。朴政権は韓国を「反共」の防波堤として北朝鮮経済を越える国民経済としての経済発展を計画する。韓国経済「5ヵ年計画」である。韓国は経済発展のための「計画」実行に着手する。当時の韓国は，独裁政権であるがゆえに「計画」が遂行されたといえる。

　韓国は，ベトナムと異なって1960年代から軍事政権が「独裁的」政策を継続する。韓国は，1945年，日本から独立し，「民族国家」の形成を目指したが，同時に北朝鮮と韓国の分裂国家を余儀なくされた。北朝鮮も金日成の独裁国家体制を形成してきた。朝鮮半島は北と南で独裁国家体制となったのである。北朝鮮は今日でも金正日の独裁体制が継続している。しかし韓国は，1980年代後半になって金泳三がはじめて「民間人」として大統領に選出され軍事政権に終止符を打った。韓国は「資本主義的民主化」への道を歩み始めたのである。

　韓国では独裁政権であった朴大統領時代の経済計画が，「漢江の奇跡」をもたらす基礎を形成した。韓国は日本からの賠償資金，援助などを利用するとともに，いわゆる「冷戦」の恩恵にも被ることになる。韓国軍はアメリカの要請にもとづいてアメリカのベトナム戦争に参戦し，巨額のドル資金を得ることになった。参戦した兵士のドル収入は，韓国に送金され国際収支改善に寄与しただけでなく，国内の住宅投資などの資金としても利用された。さらに援助資金，借款によって鉄鋼，石油化学などの基礎産業が整備され，雇用も増大した。雇用の増大による労働者所得および兵士のドル送金は，個人需要の増大に結びついた。当時の韓国は「セマウル運動」と称する経済計画・成長路線を追い求めていたのである。まさにベトナム

戦争参戦は韓国にとって貴重な外貨獲得の機会となった。

　韓国の資本主義発展は，第二次世界大戦後の朝鮮戦争を経てからである。朝鮮戦争により朝鮮半島の南北分断は固定化する。さらに戦争はあらゆるもの，すなわち韓国の数少ない生産設備はもちろんのこと，道路，橋梁，港湾，教育施設，医療施設なども破壊した。韓国は日本と同様にアメリカ軍の事実上の占領下に置かれた。韓国はアメリカ軍向けの日用品，食料などの生活必需品生産を通じて戦後復興を果たしていくのである。3白工業といわれる小麦粉，サトウ，タオルなどの繊維生産は，アメリカ軍向けであると同時に工業化への道を歩むきっかけをつくった。やがて復興のための建設事業も拡大していく。当初は政府主導での復興・生産力拡大であったが，民間への払い下げにより，「官から民へ」の生産システムに移行することになった。「官から民へ」の過程で誕生したのが今日の「現代」など一部の財閥であった。韓国の3大「財閥」となった三星，現代，大宇は綿紡績などの繊維産業および建設業が出発点であった。韓国は1960年代になって日本との政治的・経済的関係を復活させることになる。1960年代後半には馬山にフリーゾーンを設置し，輸出加工区としてテレビ生産などを行っていく。テレビは韓国の主要輸出品にまで成長するのである。また綿紡績などは日本の中古設備を導入し，世界最大の生産量にまで達していく。韓国は基礎産業から消費財まで生産力が拡大し，世界市場に進出するのである。

　韓国の初期の経済発展は，民族資本あるいは政府が独自に展開していく，自立的な国民経済形成ではなかった。韓国の経済発展の過程には，北朝鮮との関係からいわゆる「反共の防波堤」として急速な生産力増大を行わなければならない客観情勢があった。そのためアメリカは，軍事援助をはじめ経済援助を拡大し，政権へのテコ入れも行ってきた。しかし1960年代になって顕在化したドル危機によって，アメリカはドル散布の抑制を余儀なくされ，海外援助の削

減，貿易収支の改善策などを講じることになった。その結果アメリカは，韓国に対する援助その他の経済発展協力の一部を日本にその肩代わりを要求することになった。日本は1960年代になると貿易の自由化，資本の自由化などの開放政策を行い，世界市場へのさらなる進出を図ることになった。韓国の経済発展は，アメリカのドル危機と日本の海外進出拡大期の状況と，ベトナム戦争の長期化など国際状況の変化のなかで進行したのである。こうした経済・政治，国際環境のなかで朴政権が誕生し，強権的な経済発展計画を実施するのである。1960年代初めからの5ヵ年計画は国内の政治状況の変化，国際環境の変化のもとで行われたのであった。

韓国は1970年代になって「漢江の奇跡」といわれるような高度成長を記録する。1950年代の西ドイツ，1960年代の日本に匹敵する高度経済成長である。韓国では鉄鋼，石油化学などの基礎産業の拡大はもちろんのこと，家庭電器，繊維製品から運動靴・履物，玩具などかつて日本の中小企業が担っていた産業が急速に発展する。急速に発展した産業は，輸出産業としても成長していく。さらに韓国は，造船，自動車などの産業でも日本企業との技術提携などを通じて輸出産業として発展する。1980年代の韓国は，世界市場における日本企業のライバルになったかのようにみえた。しかし造船，自動車などの産業では，基幹部品・中間財は日本からの輸入に依存する状況にあった。カラーテレビ，VTRなどの家庭電器製品も日本の技術に依存していた。したがって韓国の輸出が増大することは，日本からの中間財などの輸入が増大することであった。今日でも韓国と日本との貿易収支は韓国の赤字が継続している。韓国の経済発展はいわば「自前」で資金・技術を調達したのではなく，アメリカあるいは日本に依存してのものであった。

韓国の軍事政権による圧政は，1980年代後半になると大衆の反感をかうようになる。とくに「光州事件」は大衆の民主化への要求を

踏みにじるものであり，のちの政権交代の原因となった。

　資本主義の歴史は，資本家，労働者とも人格的には対等・平等であることを確認してきた。資本家，労働者とも人格的に対等であり，自由な競争関係があってはじめて資本主義システムが維持できるからである。1970年代までの韓国は，人権が確立し，民主主義が浸透している社会では決してなかった。1980年代になって経済発展が軌道に乗り，大衆の所得水準が向上することによって資本主義的民主化の必要性が増したのである。資本主義にとって民主主義，基本的人権の確立は，なによりも生産力発展の基礎的必要条件だからである。1988年にはソウルでオリンピックを開催し，経済発展の状況を世界にアピールしたが，韓国の経済発展は，種々な困難を抱えていた。「自立的」国民経済形成にまでいたっていなかったからである。

　外国の資本と技術依存から脱却するための政策は，1980年代から進展する。日本をはじめとした欧米からの完成品輸入を制限するとともに，資金調達も国内でまかなえるような金融システムの構築を図っていく。高度成長期の韓国の国内金融システムは個人を主体としたもので，近代的な銀行が育ってはいなかった。また高度成長期の政府の金融政策は，外国からの借款による資金を「財閥」などを中心とした大企業に優先的に貸し付けるものであった。外国からの借款には高金利を支払い，「財閥」には低金利で貸し付けるといういわば逆ざやの政策を行っていた。金利差は国民が負担するということで，あきらかに「財閥」の資金調達のための金融システムであった。1980年代の韓国は巨額の対外債務を負っていたのである。こうした対外債務は1980年代後半になって返済していく。当時の発展途上諸国のなかで対外債務を返済したのは，韓国と東欧のルーマニアだけであった。ルーマニアは1989年に政権が崩壊するが，韓国はより「自前」の経済発展の道をたどることになる。韓国は対外債務を返済できるだけの貿易収支の黒字を継続できたのである。

韓国は急速な経済発展をたどりながらも，資本・技術の海外依存から抜け出ることができなかった。そこで韓国は自前の技術開発を推進すべく大田市に学術都市を建設する。日本の筑波学園都市と同様に大学，研究所を集積し，自前の技術開発を目指した。韓国は官民あげて自立的国民経済形成を目指したのであった。こうした政策は今日の韓国の経済発展につながった一因である。

　1997年，東南アジアに端を発した通貨危機は韓国にまで波及する。韓国は通貨危機により IMF の管理下に入り，産業の再編を要請される。それは自前の資本・技術などの確立による自立的国民経済の形成から，IMF 主導による再び先進国依存型の産業構造への転換であった。産業再編により失業者が増大するとともに，ドル建て外国為替相場の下落が輸出企業の採算を悪化させることになった。たとえば巨大企業となったサムソンは，従業員の30％の削減と，事業部門の縮小を余儀なくされた。しかしドル相場の下落は，韓国企業の輸出競争力の増大に結びつき，貿易収支改善の方向へ向かった。また IMF 管理下で韓国は国内市場の開放も行わなければならなかった。韓国企業は保護主義的政策によって競争力を増大してきたのである。開放システムは，韓国企業を直接国際競争にさらすことになる。一部の韓国企業は，輸出拡大を目指してアメリカ企業との合弁，資本・技術提携などを推進していく。国内市場優先政策から世界市場依存型への復帰である。こうして韓国は，アジア通貨危機を短期間で切り抜けたことになるが，同時に韓国企業の自立性は薄くなっていった。対外依存を強めている韓国企業と，アメリカ巨大企業との合弁，資本提携などが進展したからである。

　アジア通貨危機は東南アジア諸国・地域に多大な影響を及ぼしたが，またアメリカ，ヨーロッパ経済依存から脱出する契機ともなった。マハティール・マレーシア前首相が代表するように欧米諸国による経済干渉を排除するためには，アジア各国の経済・政治協力が

必要である。マハティールの提唱はやがて東アジア経済協力・共同体構築へと進もうとした。したがってアジア通貨危機は ASEAN, 韓国経済の弱点を露呈するものであったが, 同時に改めて「自立化」の必要性を認識させたことになる。

韓国は現在, アジア通貨危機を乗り越えて再び成長の軌道に乗ろうとしている。ただし1970年代, 80年代の成長とは異なった軌跡をたどらざるをえない状況にある。輸出主導型経済は, アメリカ, 日本への市場依存を強めるが, さらにアジア諸国・地域との経済的連携の必要性が増したからである。

2006年の韓国は GDP 約8700億ドル, 1人当たり GDP が1万8000ドル, 貿易が輸出3250億ドル, 輸入3090億ドルの規模となっている。輸出依存率は37%であり, 輸出主導型経済構造が形成されつつある。輸出は化学工業品10%, 鉄鋼製品5%, 自動車10%, 船舶6%, 電気・電子製品40%の構成である。輸入は, 原油などの鉱物性燃料25%, 化学工業品11%, 鉄鋼製品11%, 機械類13%, 電気・電子部品26%などとなっている。韓国の貿易は, 製品輸出, 中間財・資本財輸入の構造である。韓国は高度技術集約型の製品から標準品・大量生産品までも含む多様な貿易構造となっている。しかし最新の技術あるいは最も付加価値の大きい製品技術などは, 依然として日本, アメリカなどからの輸入に依存している。韓国はいわば一部産業の巨大な加工基地化していることになる。

韓国への直接投資は, アメリカ企業が中心であり, 半導体, 自動車などの部門での投資とともに, 証券, 保険などの金融部門での投資も増大傾向にある。また韓国は直接投資を受け入れながら, 同時に海外進出も拡大している。韓国の直接投資先はアジア, ヨーロッパ, アメリカなどであり, 自動車, 液晶パネル, 半導体などの高度技術集約型産業を中心に製造業が57%を占めている。投資先はアジアが56%, アメリカ24%, ヨーロッパ12%などとなっている。とく

に液晶パネル，半導体部門ではサムソンが直接投資を拡大しており，2010年には売上高1000億ドルの巨大企業化を目指すほどである。また現代自動車は，中国での生産量の拡大を目指すだけでなく，欧米市場でも販売量を増大しており，すでにフランス，イタリアの自動車企業を凌ぐほどになっている。

韓国は日本との貿易では慢性的な赤字状況にある。2006年の対日本貿易は輸出265億ドル，輸入519億ドルで254億ドルの赤字を記録している。韓国から日本への輸出品は，電気・電子製品36％，石油製品15％，鉄鋼製品12％などとなっている。輸入は化学製品16％，鉄鋼製品16％，機械類24％，電気・電子製品33％である。韓国の対日貿易は鉄鋼，電気・電子製品のように同一産業部門での輸出入が行われているようにみえる。たとえば鉄鋼は，自動車用の亜鉛メッキ板などでは，日本企業が最も競争力が高く技術も抜きんでていることから，輸入に頼らざるをえない。韓国から日本への鉄鋼輸出は汎用品の鉄鋼製品であり，ここでも技術水準の相違が貿易にあらわれている。半導体，液晶パネルなどの生産ではサムソンと日本企業の間で激烈な競争関係が生じている。しかし一般に韓国製品は，安価で大量生産を志向している。日本製品は相対的には高価で競争力の高い製品の生産に特化する傾向にある。したがって特定の部門では日本企業と韓国企業の国際競争関係が激化しているものの，総体としては国際分業関係が固定化している。韓国は加工組み立てを中心とした部門に特化する傾向がある。

韓国は軍事独裁政権時期に「民主化」運動によって弾圧された人びと，あるいは「反動政府を嫌ういわゆる自由」を求める人びとが海外に移住した。今日，アメリカには300万人以上の韓国人が居住しているが（林三石『在外コリア』中公新書，2002年，参照），こうした人びとの一部は高等教育を受けた「知識人」であったり，高等技術者であったりする。いわゆる頭脳流失は韓国の経済発展にマイナス

の影響を及ぼしたのであった。韓国の技術者不足は，過去の「頭脳流失」にも一因がある。さらに高度成長期における企業経営は，政府の干渉を強く受けていた。国営企業の民間への移行時にも官僚と経営者あるいは軍部との癒着構造もあった。政治システムにおいても企業（財閥）との癒着があり，大統領が任期終了後逮捕されるという事態も生んでいる。こうした状況が続くかぎり韓国資本主義は，経済発展の限界に行き着くのであるが，金泳三大統領の誕生以降「民主化」への道をたどりつつある。

　韓国の経済発展の例は，発展過程において軍事独裁政権が支配していても，一定の生産力水準に達すれば，むしろ独裁政権の存在は足かせになることを示している。すなわち資本主義発展は，一定の「民主化」が進んだなかで可能になるのであって，独裁・軍事政権はむしろ阻害要因なりうるのである。資本主義経済システムは企業・個人の競争を前提とした社会である。独裁・軍事政権下では個人の人格は否定され，企業の自由な活動も制限される。したがって資本主義の発展のなかでは軍事・独裁政権は維持できなくなるのである。韓国の例は韓国のみに固有な特徴ではなく，アジアでもインドネシア，タイなどでも独裁・軍事政権が崩壊している。したがって韓国の経済発展はアジア諸国あるいはアフリカ諸国の経済発展のモデルを提供しているようにみえるのである。

　韓国の経済はアジア通貨危機以降順調に回復し，成長軌道に乗っているようにみえるが，決して安定しているわけではない。今日の韓国経済は，外資・外国技術依存型への回帰，アメリカ市場・金融への依存，特定産業・企業の輸出集中，中間財・資本財の日本への依存，さらには輸出依存度の上昇など不安定要素が大きいのである。また韓国は失業率が低下していないこと，所得格差の増大，企業間格差の増大，「財閥」への過度の集中，農業の衰退・食糧自給率の低下，人口のソウル集中などの現象が生じている。韓国では企業・

産業によって賃金格差が大きいことから過度の教育競争が生じている。一部の有名大学をめざした受験競争などは社会的な歪みを生み出している。さらに北朝鮮との関係では，金大中前大統領の「太陽政策」を追求することによって，戦争の回避と宥和政策を実施し，北朝鮮政権の突然の瓦解を防ごうとしている。韓国は FTA 交渉でも日本より先行している。韓国は2004年にチリ，2005年にシンガポールと FTA を調印している。アメリカとの FTA 交渉も妥結した。さらに日本，中国，カナダ，メキシコ，インドとの FTA 締結のための事前交渉あるいは共同研究がはじまっている。韓国の FTA 締結は先進国だけでなく，発展途上国あるいは MERCOSUR などの統合市場との締結も計画するほどで，積極的な対外政策を展開しているのである。韓国の国際関係の脆弱性を FTA によって補っていく方向である。

　しかし韓国は，急速な経済発展の方向をたどったからといって，発展途上国の経済発展の「型」の例外として扱ってはならない。その後の台湾の経済発展，タイ，マレーシア，インドネシアなど ASEAN の経済発展は，韓国と異なった要因があるとはいえ，少なくとも急速な経済発展の道をたどっている。むしろ発展途上国の経済発展の形態は，それぞれの国・地域において要因が異なっており，その特徴を明らかにすることが経済学の課題でもある。したがって韓国の例から，発展途上国の経済発展の型を類型化あるいは標準化・共通化し，ある国の経済発展がその類型にあてはまっているかどうか，を研究することが経済学の課題である，とするような方法論こそ問い直されるべきである。また先進国の世界市場支配が貫いている以上は，発展途上国の経済発展は不可能であるという経済学の方法も問い直されなければならない。

　韓国の経済発展については，国際関係あるいは世界政治の動向に影響されながら，またアメリカ，日本の援助，資本，技術あるいは

市場に依存しながら,自立的国民経済形成の方向に向かって進んでいる状況を捉えていくことが必要であり,同時に発展途上国の経済発展の一つの方式を提示しているという点も捉えていく必要がある。

6-5 発展途上国問題の展開

1974年,国連の NIEO 宣言は,先進諸国主体の世界経済の仕組み・運営から発展途上国も含めて加盟各国における主権の平等,相互依存,共通の利益,国際協力などをうたったものである。具体的な内容は,発展途上国の天然資源の恒久主権確立,多国籍企業に対する行動規制,外国貿易および国際通貨体制の再編などを基軸にした行動原理となっている。NIEO 宣言は1950年代から1960年代にかけて頂点に達した反帝国主義・反植民地主義の運動のまさに到達点に立つ運動の指針である。さらに宣言は,1960年代の「南北問題」をめぐる先進国と発展途上国の論理・運動の相違を明確にしたものであった。ところが1974-75年世界恐慌を契機として,NIEO は具体的な運動が展開されないまま運動の指針として残ったにすぎない。恐慌は南北間の関係を先進国による発展途上国に対する差別と選別政策へと進ませ,発展途上諸国の分化・対立を生じさせることになったのである。先進諸国は,親先進国政策を追求する発展途上国に対して低関税率・特恵関税,最恵国待遇,一次産品に対する価格保証などの政策を実施する。先進諸国の援助は,東アジア,ラテン・アメリカを中心にして無償援助,低利の借款に応じていく政策が行われた。先進諸国の資本・資金は,当時 NICS といわれたラテン・アメリカ,アジアの一部の国・地域に優先的に投下され,これらの国・地域で生産力発展の基盤が形成されていった。こうした発展途上国の一部の国・地域における資本・資金の大量導入は,やがて債務の過剰累積となり,NICS 諸国における新たな困難をもたら

したのであった。それはインフレーションの進行，過剰人口の拡大，貧富格差の拡大，人口の都市集中，環境悪化など様々な社会問題であった。

かつては自立的国民経済形成を追求するモデルの一つといわれたインドにおいても政策転換が進行する。インドは，1990年代になって資本主義システムの導入を明確にし，先進国資本・技術の導入政策を展開するようになった。民族独立・帝国主義からの解放を目指してアメリカとの戦争に勝ったベトナムにおいても，「ドイモイ」政策という名称での開放政策が進展し，ASEAN にも正式に加盟し，資本主義への道を歩もうとしている。ベトナムの選択は，まさに先進国資本・技術あるいは援助の増大を求めての政策であり，外資導入を目指した工業団地，輸出加工区の設立などはそのあらわれである。またラオス，カンボジア，ミャンマーも ASEAN に加盟することによって生産力発展の基盤を形成しようとしている。しかしミャンマーは，軍事独裁政権が依然として政権を保持し，かつての封鎖システムに近い状態から開放政策への移行も，民主化への方向が明らかにされないままの選択である。ミャンマーは生産力発展を図るならば，軍事政権が足かせになり，外資導入も困難になる。したがってミャンマーは軍事政権の維持が可能かどうかの岐路にたたされているのである。その他アジアでは韓国，フィリピン，インドネシアなどが生産力発展の過程の中で，軍事政権から民生政権へ移行していったのである。

東アジアあるいはラテン・アメリカのように生産力発展が進展している国・地域も存在するが，資本主義的生産システムの導入が，多くの混乱を招いている国・地域も存在する。発展途上国における急速な商品経済化への道は，インフレーションの進行，大量の土地無し農民の誕生，失業者の増大，都市への人口集中さらには環境悪化，社会不安まで引き起こしている。発展途上国における商品経済

化への進展は，それ自体社会の進歩的な側面を示している。貨幣経済・商品経済化への進展は，商品種類の増大，商品量の増大をもたらし生活の多様化・豊富化をもたらす契機となるからである。しかし，たとえば農民は現金収入を求めて従来の主食農産物の生産から換金作物・輸出作物への転換を強いられる。この過程で土地無し農民が増大し，さらには主食農産物の不足，飢餓の拡大などが生じる。いわゆる農民層分解が進展し，都市への過度の人口集中をもたらすということにつながる。フィリピンにおけるアグリビジネスの進出，土地無し農民の増大，マニラなどへの人口の集中，外国への出稼ぎ者増大などの諸現象は，バングラディシュ，インド，ラテン・アメリカ，ブラジル，アルゼンチンあるいはアフリカなどの生産力発展の遅れている多くの地域・国で同様に生じている。

　発展途上国の一部の国・地域は，先進国の介入の中で急速な経済的発展を達成することを可能にした。それがアジア NIES であり，ASEAN であった。しかし発展途上国の一部の国・地域の発展は，先進国にとってかつてのような支配・被支配という関係と異なった側面が生じた。第1は，先進国にとって発展途上国は，国際分業の担い手であり，市場の拡大を可能にすることであり，同時に過剰資本，過剰設備などを処理することが可能になったことである。第2は，一部の発展途上国の生産力発展は，先進国の商品あるいは企業と競合する状況が生まれたことである。第3は，一部の発展途上国における生産力発展の結果，世界経済秩序を先進国主導で運営できない状況が生じた。さらに発展途上国の内部においても，非民主主義的な側面を改善しなければならない状況が生まれたことである。資本主義的発展のためには，一部の支配層による独裁，利権政治体制の横行が生産力発展の限界となるからである。なによりも利権的旧体制が存続することは，一部の特権階層だけの所得の増大となり，労働者・農民所得が拡大せず，いわゆる国内市場の拡大が困難にな

ることを意味している。

　スハルト政権時代のインドネシアのように大統領一族が政治，経済の実権を握り，多くの富を収奪している状況の下では，やがて国民による民主化への要求も大きくなる。事実アジア通貨危機は，スハルト・インドネシア政権を打倒するまでに至ったのであった。生産力の発展は，絶対的な貧困状況から抜け出し，一部の富裕層，知識層あるいはいわゆる中間層を生み出す。こうした勢力は，国内の反民主主義的な状況を改善することを提起していく場合がある。民主主義の確立は，資本主義的合理性を有した社会を求めてであり，知識層・中間層の活動の場を広げる可能性がある。民主主義の確立は，やがて社会の隅々にまで資本主義的な制度・仕組みを整備していくことになる。

　多くの発展途上諸国は，未だ生産力発展が進まず，貧困の累積と人口の爆発という悪循環に陥っている。その本源的な原因は，かつて先進諸国による植民地・従属国として生産・社会構造が変えられ，先進諸国の原材料供給地・食料供給地，販売市場として位置づけられたからであった。さらに第二次世界大戦後はアメリカをはじめとする先進諸国による新たな政策が，「南北問題」として登場し，発展途上諸国の経済発展の分化と階層化をもたらしたのであった。したがって発展途上諸国の1960年代までの運動は，反帝国主義・反植民地主義，自立的国民経済形成を統一した要求として掲げたのであった。発展途上諸国が自立的国民経済形成を目指す目的は，第1に，かつてのような植民地宗主国の支配・経営から離脱すること。それは自国に有している鉱物資源，農業，貿易業務などの自治権・自由権を確立することでもある。第2に，経済発展を進めるために，主要な産業の国有化，あるいは政府主導の産業政策を推進すること。第3に，工業化計画は自国資本を用いることである。すなわち外国資本を排除することによって，自立的な経済運営を可能にするから

である。こうした発展途上諸国の政策は，資本主義世界システムから隔離されることであり，資本不足，技術不足が顕著になることであった。資本主義システムからの乖離がまた旧ソ連・東欧諸国との経済的・政治的関係を形成することにつながった。さらに国有企業などの事実上の独占経営は，競争の制限であるとともに過剰の労働力雇用の要因となり，後々の改革を阻むこともなった。

1974-75年の世界恐慌を契機として，先進資本主義諸国の過剰資本，過剰ドルさらには石油産出国のいわゆるオイルダラーまでが，発展途上国に対して流入したのであった。発展途上国は，流入した過剰資本，過剰ドルを「有効」に利用し経済発展に寄与するのならば，経済発展段階の分化・階層化は拡大しなかった。ところが大量の資本を導入したNICS諸国の一部は，債務の多大な累積を抱え国内のあらゆる矛盾をさらけだすことにもなった。その一方で東南アジアの諸国・地域では経済発展が進み，先進資本主義諸国の生産力水準に近づいていった。したがって先進資本主義諸国の資本，技術を導入して国内の生産力水準を高めることに成功した諸国・地域が生じたことは，発展途上国の政策すなわち国内政策，対外政策の相違を示すことになった。もちろん発展途上国自らが主体的に経済発展を図ろうとした国では，成長が鈍化し国内の諸矛盾が累積するという状況もある。また経済発展が進んでいる発展途上諸国・諸地域においても先進資本主義諸国の介入・支配が行われてきたことも事実であり，今日でも種々な干渉が続いている。しかしこうした先進資本主義諸国の支配・干渉が行われている中で，自立的国民経済形成の方向が示されている。その典型が1980年代の韓国の経済発展の道である。韓国の経済発展は，アメリカ，日本に依存しながら，自立化の方向が出されている。その方向が「民主化」の志向であり，外国市場の独自の開拓である。

韓国をはじめとするアジアNIES，ASEAN諸国の動向は，発展

途上国経済発展の一つの「型」を提起している。その「型」は，各国ともそれぞれ異なっており，標準化・共通化は困難である。アジア NIES, ASEAN の経済発展は，発展途上諸国の対外政策の変更あるいは NIEO 運動の停滞の原因をもたらしたのであった。NIEO 運動原理は，「自立的国民経済」形成を目指したものであり，多国籍企業の進出を事実上拒否した。しかし発展途上諸国の経済発展は，先進国資本特に多国籍企業が進出するか否かでその方向性が大きく異なるという現実がある。したがって発展途上国は，先進資本主義諸国の資本・技術の導入あるいは多国籍企業進出の基盤整備を積極的に進める方向に転換したのであった。NIEO 原理では，先進資本主義国の資本，技術の導入が，新植民地主義的政策を容認するものとして批判してきた。しかし韓国をはじめとした東アジア諸国・地域の経済発展は，先進国の資本や技術あるいは多国籍企業の進出によって可能であったという現実が，発展途上諸国の政策転換を促したのであった。発展途上諸国の政策転換は，かつて民族自立，反帝国主義・反植民地主義を掲げた国も，経済発展の停滞から先進資本主義諸国へのすり寄りが顕著になってきている。

　韓国の例は，経済発展が進めば，「民主化」の方向を打ち出さなければならないことを示した。したがって発展途上国の経済発展が進めば，多くの国で「民主化」の道筋が示されることになる。もちろん先進資本主義諸国は，発展途上国のすべての国・地域に平等に資本と技術を提供するものではない。むしろ発展途上国に対する分断と差別化を強化している。しかし発展途上諸国の経済発展は，究極的には先進資本主義諸国の市場問題を解決していく道でもある。その意味では先進資本主義諸国と旧ソ連・東欧諸国の「対立」という障害が取り除かれた現在，発展途上国の経済発展の道は，開かれていることになる。

　今日の世界経済は，多国籍企業によるグローバル展開が進んでい

る。とくに東アジアは，グローバル経済の中に取り込まれている。他方アフリカ，南アジアなどの発展途上国は，多国籍企業のグローバル化から取り残された状況にある。したがって多国籍企業による今日のグロバール展開は，発展途上国の経済格差を拡大する主体ということができる。発展途上国は，多国籍企業のグローバル展開のもとで経済発展の方向を辿らなければならない側面があらわれている。さらに現代世界経済は，地域間経済統合が進展している。それぞれの経済統合の性格は異なるとはいえ，多国籍企業のグローバル展開と並ぶリージョナリズムの進展である。経済発展から取り残されているアフリカにおいても経済統合，地域間経済協力体制が形成されている。

　かつての発展途上国の運動は，自立的国民経済形成を目的としてきた。先進資本主義諸国による政治・経済支配の排除である。もちろん自立的国民経済形成は，先進国の資本や技術の導入を拒否するものではない。しかし先進国からの資本や技術の導入は，自国政府あるいは自国資本の意思によって行われるべきものであり，したがって国家権力の民族性あるいは自立性が必要であった。いわゆるナショナリズムの確立である。そうなると現代世界経済は，グローバリズムとリージョナリズムおよびナショナリズムが重なり合った構造となっていることになる。多国籍企業のグローバル展開のみを今日の趨勢であると捉える考え方，経済統合の進展からリージョナリズムが21世紀の動向であるという捉え方，あるいは自立的国民経済形成を強調するばかりにナショナリズムの確立が21世紀の課題であるという捉え方では，発展途上国問題の展望を見いだすことができない。現代世界経済は，グローバリズム，リージョナリズム，ナショナリズムの重層的な構造の中で展開している。こうした現代世界経済の三層構造の中で発展途上国は，経済発展の道を選択しなければならないのである。それは1960年代に生じた非資本主義への道

あるいは社会主義への道でないことだけは明らかである。

　資本主義諸国および発展途上諸国が追求してきた経済発展＝経済成長を目的とした経済政策が，人口，食糧あるいは環境問題などの新たな困難が生じたことにより，政策の転換が迫られている。従来の経済学は，経済成長を前提とした理論の構築・解明を課題としてきた。その経済成長の方法の相違がまた経済学の理論の相違でもあった。しかし21世紀の世界は，経済成長だけを目指すあるいは経済発展こそ「善」という思想そのものの見直しが迫られているのである。特に発展途上国は先進国あるいは世界銀行などの国際機関による処方箋通りの経済政策が，むしろ所得格差を生むだけでなく，これまでの自然と共生してきた伝統的な生活スタイル・文化までも変更を余儀なくされた。また発展途上諸国は経済発展の過程の中で，民族間・部族間の対立，支配層の腐敗・堕落をまねくという事態も生じている。したがってこれまでの経済成長だけを目指す経済学の再考が求められているばかりでなく，生活・文化・伝統・歴史などを重視した施策への転換も課題となっているのである。

第7章　中国の経済発展と国際関係

7-1　WTOシステムと中国市場

　多国籍企業による世界経済関係の形成にとっては,なによりも世界各地において大きな利潤の取得を可能にする生産や流通の基盤の確立が重要になる。また,多国籍企業は,国際通貨システムの安定が必要である。国際通貨システムの動揺や為替相場の不安定は,多国籍企業の取得する利潤量に影響するからである。そこで進出した国・地域で取得した利潤が,アメリカ・ドルに換算され,さらに価値保蔵,価値交換が可能なような世界的規模でのシステム形成も必要である。それがIMFの維持であり,WTOの貿易体制であり,地域経済統合の推進である。したがって多国籍企業は,IMFの再建を図って現行のドル体制の弱体化を防ぐとともに,ドルから遊離した地域的通貨体制への対応という二面を追求することになる。多国籍企業は,いずれの方向においても利潤取得の不利益が生じない体制を構築することを要求する。いわば今日の世界経済関係は,多国籍企業の生産・流通領域を広げるためのシステムを構築する段階にある。

　多国籍企業による世界市場の拡大は,東欧諸国だけでなく中国においても同様に進行している。中国では国有企業の改革が市場経済化の鍵を握るといわれてきた。しかし現実に,国有企業改革は進展しているものの,旧来型の国有企業の技術,競争力,生産設備などの遅れが一層顕著になっている。中国の国有企業は,「市場経済化」進展によってこれまでの生産の主要な担い手としての役割を終えようとしている。中国では外資系企業,とくに多国籍企業の直接投資

が増大している。多国籍企業は中国市場をアジア諸国との国際分業関係形成の一環として位置づけ，中国の国民経済政策の動向とは無関係に生産を拡大しようとしているのである。旧ソ連・東欧，さらに中国のような中央指令型経済社会の改革に，多国籍企業が影響を及ぼしているのであり，また多国籍企業の動向がそれらの国の市場経済化を促進する主体としても機能している。さらに多国籍企業はWTOシステムを利用することによっても資本主義世界市場を拡大している。

7-2 外資導入と経済成長

中国は，2002年末のWTO加盟によって開放政策を一層推進していくこととなった。中国は977品目の関税率を1998年の平均22.7％から2005年には9.3％に引き下げ，小麦，トウモロコシ，綿花などに低関税率を適用するとともに，輸入割当制度を実施した。その他の輸入禁止措置，輸入数量制限措置，輸出補助金の撤廃，外資系企業に関する規制の緩和，流通部門の開放，外国銀行による人民元での業務の承認，さらに農業に関しては補助金を生産額の8.5％にまで削減するなどの措置を講じた。

中国の貿易は急速に拡大している。その規模は2007年には輸出入合計1兆8000億ドルを超え，貿易黒字も2000億ドル以上となった。とりわけアメリカとの貿易は拡大傾向にあり，2005年に2000億ドルの黒字で，アメリカにとっての最大赤字国となった。中国の輸出は機械類，電子・電気など工業製品を主軸にしている。機械類は1992年には輸出総額の19％，1996年には27％であったものが，2005年には42％を占めるようになった。機械類の輸出はアメリカ，EU，日本などの先進資本主義諸国に集中している。1990年代初めまで中国の輸出は，繊維品，玩具，履物，水産加工品など安価な労働力を利

用した労働集約型産業製品がその大半を占めていた。輸出の首座を占めていた繊維品は、今日では輸出総額の5％以下に減少している。輸入においても構造変化が著しく、石油製品、化学品、プラスチック類、電子部品、自動車関連部品、特殊化学品などが増大している。とくに機械類、電子・電気部品の輸入は、全体の50％を占めている。企業別の輸出は、国有企業が43％、外資系企業が50％、その他が7％となっている。輸入においても国有企業42％、外資系企業52％、その他6％であり、貿易拡大における外資系企業の寄与度は大きい。

中国はいまや世界の生産基地になりつつあるが、とくにハイテク製品の生産においてそれが顕著である。外資系企業による中国でのハイテク生産は増大しており、世界全体に占める比率もDVDプレーヤーを含む録画再生機80％、携帯電話48％、パソコン90％、デジタルカメラ56％などとなっている（2006年）。また家庭電器製品の世界シェアが増大し、エアコン、冷蔵庫、洗濯機などは世界最大の生産国になっている。さらにオートバイは世界の約半分の生産を担い、粗鋼生産においても日本の生産の約4倍で、年間5億トンとなっている（2006年）。

中国の輸入は増大傾向にあるが、とくに製紙原料・パルプの輸入量は2001年に日本を抜いて世界1位を占めた。中国の輸入増大は、日本、台湾にとっても重要な市場として位置づけられることとなった。たとえば2006年の日本の鉄鋼輸出の15％は中国向けであり、石油化学製品の40％が中国への輸出である。いまや中国は日本にとってアメリカと並んで重要な輸出市場になってきている。台湾にとっても中国は重要な輸出市場になりつつある。これまでの輸出先の第1位はアメリカであったが、近年中国に変わった。また台湾企業の直接投資も拡大し、2002年には30億ドルに達している。中国は台湾との関係においていわゆる3通（直接の通信、通航、通商）を実現することで将来、香港、マカオと同様、統一を図ろうとしている。

中国はアジアを中心とした貿易の拡大を目指す施策を追求してきている。2001年に ASEAN との FTA 構想を提唱し，2002年には枠組み協定の署名と交渉を行い10年以内の締結を目指すこと，2010年に関税を撤廃することを明らかにしている。ASEAN の中国向け輸出は増大傾向にあり，2002年には日本を抜いて第1位となっている。ASEAN から中国への主要な輸出品は電子部品であり，それらは中国で現地生産している日本や欧米企業向けの部品である。

中国の貿易が拡大したのは国際競争力が急速に増大したからである。国際競争力が増大した要因は，第1に，アメリカを中心とした輸出市場が拡大したことである。とくにアメリカ経済は1980年代後半から景気が拡大し，輸入も増大した。そのなかで中国は，低価格製品のアメリカ向け，さらにヨーロッパ，日本向け輸出を拡大してきた。第2に，中国は国有企業改革に代表されるように，企業に競争原理を導入することによってコストを低下させただけでなく，輸出志向の生産体制を構築したことがあげられる。第3に，国有企業あるいは郷鎮企業はこれまで過剰な人員を抱えていたが，社会保障，教育制度，住宅制度などの改革によって労働者数の削減が可能になったことである。第4に，国内において一部の富裕層の出現は耐久消費財などの国内市場の拡大を可能にした。第5に，改革・開放路線の拡大は，沿海地域を中心に外資導入・外国技術導入を容易にした。もちろん中国が外資導入を拡大できた背景には，世界市場でのアメリカ・ドルの大量過剰流通があったからである。すなわち中国は過剰ドルの処理地として，また多国籍企業の進出拡大地域として位置づけられたのであった。

中国企業の国際競争力は増大したが，同時に企業間競争も激化した。たとえばカラーテレビ生産企業は90社あり，ブラウン管テレビの生産を主としておりその生産能力は7000万台にのぼる。中国ではブラウン管テレビの過剰生産設備を抱え，過剰生産状況にあること

から，価格が低迷しており，一部価格が低下している。そこで高付加価値のプラズマ，液晶テレビ生産への移行が課題となっている。一般に資本主義企業は，消費が低下すれば生産削減を行い価格低下を防ごうとする行動をとる。すなわち利潤量を確保するためである。ところが中国企業は，生産抑制ではなく生産量維持を追求したのであった。中国企業はなによりも生産設備を遊休化させないことを優先した。労働者の削減を避けたのである。中国がこれまで培ってきた「社会主義」の原則から，失業者の存在を認め難かったためである。こうした現象はカラーテレビ生産だけでなく，国内市場向け商品生産の多くの部門にみられた。それは1990年代末に，自動車生産，最近でのエアコン，電子レンジ，パソコン，繊維製品，日用品さらには農産物まで及んでいる。中国は持続的な高度経済成長のもとで，一時期，消費者物価が横ばいあるいは低下するという現象を引き起こした。それは過剰生産・過剰設備が大きな要因であった。

中国は2002年に熱延鋼板，冷延鋼板，電磁鋼板，ステンレス鋼板に対してセーフガードを発令した。WTOに加盟して初めての国際ルールに則った政策である。こうした貿易政策に対して日本，EU，アメリカが中国に要求していることは，投資ルールの整備，反ダンピング措置の発動要件の厳格化である。アメリカは中国に対する市場開放要求として，農業部門の綿花，小麦，大豆の開放，遺伝子組み換え作物に対する輸入制限措置の撤廃，さらにトウモロコシなどへの輸出補助金制度の撤廃。知的所有権に対しては，アメリカ製品のコピー流通の規制。サービスに対しては，外資系企業に対する許認可制度の緩和，外資系銀行，保険会社に対する事実上の制限の撤廃，を要求している。とりわけ農業部門での自由化要求に対して，これまで中国政府は，国内で生産される穀物あるいは綿花の価格が，国際価格に比べて30～50％高いことから，競争力を高めるために租税優遇政策を講じてきた。したがって農産物輸入が自由化されれば

中国農業に与える影響は大きい。

　21世紀に入って世界の直接投資が全体として減少するなかで，中国だけが増大している。1979～89年までの中国の直接投資の受け入れは，件数で2万2000件，金額で契約額340億ドル，実行額172億ドルであった。1990年以降中国投資は飛躍的に増大する。1993年は投資件数8万3000件，契約額1140億ドル，実行額275億ドルとそれまでの10年間の投資件数・投資額を1年間で超えたのであった。その後も投資件数こそ減っているが，投資額はほとんど変わらずに推移している。ちなみに2005年の投資額は600億ドルであった。近年の対中国投資は香港，アメリカ，日本，台湾，韓国，シンガポールの順になっているが，EUからの投資が増大傾向にある。EUは，とくにハイテク・情報産業を中心とした大規模投資を行ってきている。また最近は中国企業がタック・ヘブン地域を通して中国へ投資する件数も激増している。

　中国でのインフラ整備は急速に進んでいるが，西部地域では依然として遅れている。そこで政府は西部大開発という名称でのインフラ整備を図ろうとしている。西部開発のための資金は外資に依存する計画である。また工業化のための電力供給も課題であり，三狭ダムのような大規模ダム建設が進んでいるが，同時に原子力発電によって電力不足を補う計画もある。現在の原子力発電量は全発電量の2％であるが，建設中のものを含めると原子力発電への依存度は高まる傾向にある。中国の原子力発電をめぐっては，アメリカのジェネラル・エレクトリックス，ウェスチングハウス，あるいはフランスなどが受注競争を展開している。自動車だけでなく原子力発電においても中国市場の争奪戦が激化しているのである。

　中国企業は外資の導入だけでなく，近年は外国への投資も拡大している。直接投資額は2001年が20億ドル，2005年は40億ドルに達した。たとえば万向集団はアメリカの自動車部品メーカーUAIの筆

頭株主になり，海爾集団はイタリアの冷蔵庫会社を買収，華立集団はフィリップスのアメリカ移動通信部門を買収，上海汽車工業は，韓国の GM 大字に6000万ドルを出資するなどである。このように中国は直接投資の受け入れを拡大するとともに，他方では海外投資も拡大しているのである。

中国の外資導入は，中央政府および地方政府の開放政策，外資導入・企業誘致政策の結果であるが，同時にアジアが「世界の成長センター」として多国籍企業の海外展開の領域に巻き込まれていることの反映でもある。中国の外資導入政策の積極的展開は，多国籍企業の進出による基盤形成の強化と輸出産業の競争力強化の両面をもっている。一般に多国籍企業の海外進出は，先進諸国での市場確保・拡大，発展途上諸国での低コスト生産という棲み分け的な目的をもって行われている。多国籍企業の中国進出は，低コスト生産が可能であり，投資国への逆輸出と第三国への輸出，標準化された商品の中国市場での販売という二つの目的で行われている。したがって中国は多国籍企業の世界的な生産体制に巻き込まれれば巻き込まれるほど，輸出が増大し，また国内市場も拡大することになる。さらに多国籍企業の中国進出は，外資導入の規模をますます大きくする。こうした多国籍企業の中国進出は，中国を世界的生産体制の網の目に組み込んでいくことであり，それが貿易，外資導入などにあらわれているのである。また中国は，貿易収支の黒字額が大きくなり，巨額の外貨準備のもとで，人民元の切り上げも要請されるほどになっている。

中国政府は，国有企業の改革とあいまって早期に自動車産業を拡大する政策をとった。それは先進国ですでに経験済みのモータリーゼーションの波が中国においても近い将来到来し，そのための生産基盤を形成する必要があったからである。自動車生産の増大，流通の増大そして消費の拡大に対応するためには，交通網の整理，交通

手段の確立の必要性があった。都市における交通体系の未整備は，人口移動あるいは労働力の有効利用を困難にさせていた。中国は鉄道網の整備，地下鉄などの公共交通機関整備などの必要性がいわれてきたが，それよりも短期間で費用負担が少なく，さらに国内産業の拡大，競争力増大を可能にさせる自動産業の育成を政策として掲げることになった。おりからの市場開放政策は，多国籍企業に対しての優遇措置やその積極的導入となっていったのである。

中国は，かつて100社以上あった自動車企業を第一汽車，東風汽車，上海汽車，長安汽車の4グループに集約化する傾向にある。トヨタ自動車が進出する天津汽車は第一汽車との提携が行われる。また自動車の関税率は2006年に25％に引き下げられた。国際競争下にさらされる中国自動車産業であるが，2007年の自動車販売は乗用車，バス，トラックなどで800万台となり，日本を抜いて世界第2位の市場となった。さらに2010年には1600万台の生産をめざしていて，世界最大の自動車生産国になる計画である。第一汽車，上海汽車，東風汽車，長安汽車の4大グループは，それぞれ年間200万台の生産を計画しており，その他の自動車企業も2倍から5倍の生産拡大を計画している。国内消費の拡大に加えて，輸出も拡大しているからである。

中国の産業育成政策は，自動車産業だけに特徴的にあらわれているのではなく，製造業の近代化政策全体，すなわち国有企業の改革，競争力拡大，技術集約産業の導入など産業の再編過程全体で生じている。こうした状況は，中国経済の資本主義化を促進する起爆剤になっているとともに，中国が多国籍企業による世界的な生産配置に巻き込まれること，さらに国際的に巨額な過剰資本の貴重な投資先として位置づけられていることを示している。中国市場での「成功」は，国際的巨大自動車企業の世界市場での地位を高めることにつながる。そのために多国籍企業は中国市場で熾烈な競争を行っていか

なければならないし，同時に中国市場での棲み分けも行っていかなければならない。すなわち中国での生産は，多国籍企業間で地域生産配置，市場分割を行っていくことである。そのため中国政府は，条件整備の必要性に迫られ，WTOへの加盟であるとか，IMFの条件にそった金融制度改革などを行っている。中国の開放政策は，一面では多国籍企業の中国進出を促す内容をもっているし，他面では国有企業に代表されるような不採算企業，競争力の低い企業を淘汰していく内容をもっている。中国における国際的巨大自動車企業の展開は，中国の開放政策を一層促進していく契機になった。

中国における多国籍企業は，中国国内市場を目当てとした生産と輸出を目当てとした生産に二極化する傾向にある。それは中国の市場経済化を目指す方向とも重なり合ったものである。中国は開放政策の推進のなかで国内の生産力水準の向上とともに対外経済関係の強化を図った。国内の生産力水準の増大は，いわば既存の生産システムを応用した国内市場の拡大あるいは「輸入代替型」産業の育成であった。1980年代に急速に拡大した家庭電器，自動車生産などはその典型である。これらの産業拡大は，同時に多国籍企業をはじめとした先進国企業の技術あるいは生産設備の導入でもあった。しかし多国籍企業の中国進出が国内市場での需要をねらったものであるならば，旧生産設備，旧技術の移転で十分対応可能であった。一時期に生じたカラーテレビ，自動車，冷蔵庫の過剰生産，過剰設備問題は，国内市場の拡大を求めた国有企業による外資，外国技術，生産設備の導入競争がもたらした結果である。多国籍企業が中国での生産を足場に外国市場への進出を行うのであれば，国際競争力の向上および高品質・高性能・ブランド生産などを指向していかなければならない。多国籍企業による輸出と国内市場向けの生産の二分化である。

中国は国内市場目当ての外資・技術導入と並んで輸出主導型を目

指した外資導入・技術導入システムも構築していった。深圳,廈門,珠海,汕頭の四つの経済特区は,輸出主導型の生産システムの構築であった。輸出主導型の生産システムは,開放経済体制を導入した初期段階が繊維品,雑貨,玩具,電気部品などであったが,やがて電子部品,電気製品,情報機器などの高度技術を要する産業部門へ移行していく。その結果は中国の貿易構造に示されることになった。すなわち輸出の増大と輸出依存度の上昇は,同時に製品素材・部品を含めた輸入の増大をまねくという構図である。中国政府は,国内市場重視の生産,すなわち輸入代替型産業の育成と輸出主導型産業の導入といういわば異なった生産システムの構築を同時に進行させようとしたのである。それはまた多国籍企業の中国進出とも重なり合ったことになる。国内市場確保を目的とした多国籍企業は,新規技術を移転せずに旧技術・旧生産設備を輸出し,中国市場のシェアの確保を重視する政策を追求してきたのであった。

　多国籍企業の中国進出は,中国の経済構造を輸入代替型と輸出主導型という両極の生産構造の進展を促した。多国籍企業の中国における動向は,中国政府の開放政策の内容でもあった。したがって,中国の開放政策と多国籍企業進出は,輸入代替型産業編成と輸出主導型産業編成が並行する産業構造の形成をもたらすことになる。しかし国有企業の多くは,外資導入・外国技術導入が進行しないまま旧生産設備と旧技術での生産を余儀なくされ,さらに大量の過剰人員を抱えるという状況に追い込まれた。いわば中国の産業構造は,多国籍企業の進出によって輸入代替型,輸出主導型産業の並列的構造が形成されるとともに,両方の型から取り残された国有企業あるいは郷鎮企業も存在する構造になっているのである。

　自動車企業をはじめとした多国籍企業の中国進出は,どのような特徴を有しているかを整理すれば,次の通りである。

　第1に,中国国内の生産増大は外資系企業の導入によって可能に

なった。

　第2に，中小規模を含めて国有企業・郷鎮企業を整理統合し，大規模な企業再編の契機となった。

　第3に，自動車産業のような基幹産業においての改革は，国内のあらゆる部門に広がる国有企業の改革を進めざるをえないことを認識させた。

　第4に，外資系企業の競争・生産拡大は，政府の投資資金を節約する。

　第5に，新規技術の導入が競争力を高めることを可能にする。

　第6に，関連産業の生産拡大・技術進歩を可能にする。

　第7に，基幹産業部門・耐久消費財産業における価格競争によって1980年代後半から加速化したインフレーションを抑える可能性をもつ。

　第8に，産業間・企業間の競争の激化は，1979年以来進めている改革・開放路線あるいは市場開放化の象徴として位置づけることが可能であり，国家・政府が経済過程に介入していないことを示すことになる。

　第9に，産業間・企業間の競争は，単なる企業や国有企業だけの問題でなく，広く労働者全体にも波及する問題であることを認識する契機となっている。すなわち企業間の競争を通じて，国有企業の倒産・合理化などの現象が生じ，労働者の失業や配置転換などが生じる可能性が高いことを，全社会的に認識させる効果をもっている。また同時に労働者の技術水準を高める契機にもなる。

　第10に，国内市場優先から輸出産業としての地位を確立する。

　第11に，国内生産力を高めることによって生産コストの削減をはかる。

　第12に，価格競争は国内の流通過程で生じている不明朗な取引・コネクション販売などを解消する契機となる。

7-3 開放政策の展開

中国経済は，鄧小平が1978年にいわゆる「改革・開放」路線を提示して以来，経済改革・開放体制への移行が課題となった。廈門，汕頭，深圳，珠海の四つの経済特区の新設は，これまでの「閉鎖経済体制」からの劇的転換であった。四つの経済特区は，フリーゾーン・保税加工区であり，外資導入を目的としたものである。経済特区の成功は，中国各地に経済開放区，高度経済開発区，経済技術開発区などの名称で外資導入を柱とした開発政策を推進していくことにつながった。とくに1990年に実施された上海市浦東地区の開発計画は，その集大成ともいうべき大事業であり，今日の中国の改革・開放路線の象徴的プロジェクトとなった。

中国の経済発展は，四つの経済特区，上海市浦東地区のようにすべてが順調に進行しているわけではない。中国の経済発展にとって改革しなければならない課題は数多く存在している。最も重要な課題は国有企業改革である。国有企業はこれまで「中国社会主義」の象徴的な存在であった。国有企業は，生産工場だけでなく学校，病院，住宅，保育施設，さらには退職者の年金まで負担していた。当時の国有企業は，100万人を越える規模の企業から数十万人単位の巨大企業があり，自治体と同様の行政・生産単位であった。中国における社会保障制度，医療制度，教育制度の未整備は，国有企業によって補完されていた。こうした国有企業は，開放政策以降，従業員の過剰だけでなく，企業維持自体が経営上過剰負担となり，国際競争上不利な状況にあった。国有企業の多くは旧式の生産設備・技術，過剰人員の存在などを抱え，大規模な改革以外，国際競争の場で生き残ることはできなかったのである。国有企業改革は，学校，医療，住宅あるいは年金などの企業負担を軽減し，新規技術導入と

設備の更新,さらには過剰人員を処理することであった。その結果は,大量の失業者(下崗・在家待機)を生み,再就職のためのプログラムも講じなければならなかった。

　中国の経済改革を成功させるうえでは,人口問題と過剰労働力の解決が重要である。中国の人口は世界最大であり,地球上の人口のほぼ5人に1人は中国人である。この膨大な数の人口を養うため,あるいはその職を確保するためには,生産力水準の上昇と産業の拡大,食糧生産の増大が要請される。ところが,中国は1960年代に生産力の発展がみられず,もっぱら国内の分配体制あるいは就業構造における特殊要件をつくることによって問題の発生を抑えてきた。そこで1970年代後半から始まった開放化・市場経済化の方向は,資本主義化への道であり,企業の合理性,収益率などを重視した資本主義的生産システムの採用であった。それは国家＝中国共産党によって維持・管理してきた経済体制の変革を行わなければならないことでもあった。

　資本主義の道は,いうまでもなく商品生産にもとづく利潤原理,企業間の自由競争および労働力の自由な移動・売買を保証することである。商品生産にもとづく利潤原理の追求および自由競争に関しては,1979年の開放政策によって経済特区を設定し,外資を導入することで一層の推進を図った。しかし,労働力の自由な移動,職業選択という資本主義の民主主義原理あるいは社会契約にもとづいた制度は,不十分なままであった。国有企業の膨大な労働力,低い国際的競争力,さらに技術水準も低いという状況のもとでの改革は,膨大な数の失業者を排出することになる。したがって労働力の移動・職業選択の自由の完全保証は,当面実施できない状況にある。

　中国は,退職者に対する年金,病院,住宅などのいわゆる公共財的な支出それ自体も国有企業の負担であった。国有企業は大量の過剰人員を抱えていても,解雇という形態で簡単に問題を解決するこ

とはできなかった。中国は,「社会主義」建設を建前とする以上,企業による解雇＝失業という形態をとることができない。したがって企業は,過剰人員を抱えたまま経営を行わざるをえないのであった。鉄鋼,石油,石炭などの国有基幹産業は,膨大な過剰人員を抱えたまま生産活動を行わざるをえず,その結果,巨額な赤字を累積するということになった。とくに1980年代後半からの賃金上昇は,企業収益を圧迫し,赤字を拡大したのであった。

　開放経済体制以前の国有企業は,赤字を出しても国家からの財政補塡などによって企業活動を存続させることが可能であった。しかし開放政策は,いうまでもなく国家によるコントロールを少なくすることであり,国有企業への財政補塡を減少することを意味している。国家財政は,すでに1970年代初めから危機的状況にあり,その建て直しを図るために開放政策を必要としたのであった。企業への財政支出を削減するためには,企業自らが経営の建て直しと競争力の増大をはかり,利益を上げなければならない。国有企業も改革を迫られたのである。国有企業の改革は,国際的競争力を有する生産部門への移行,新規技術の開発・導入,資金の調達,さらに過剰人員の処理などが課題となる。国有企業の資金調達に関しては,従来,国家金融機関から調達していたのであるが,今後は企業自ら調達しなければならない。企業自らが資金調達を可能にするためには,株式・社債を発行すること,外資を導入すること,金融機関その他からの融資を受けるなどが必要である。とくに企業が金融機関から資金を調達するためには,黒字に転換する見込みがなければならない。黒字企業に転換するためには,競争力の増大,コストの削減とさらに大量の過剰人員の処理を図らねばならない。したがって,国有企業は,競争力をつけて,外資系企業との協調関係を築けなければ,完全に隘路に入り込んでしまうのであった。

　中国の市場経済への移行には,国有企業の改革だけでなく金融制

度の改革も重要な課題であった。中国の銀行は,これまで中央政府の政策にすべて依存し,政府の国債引き受けなどの過剰融資あるいは不良債権などを大量に抱えていた。中国はこうした金融制度を近代的な形態に変革しなければ資本市場の育成も,また株式市場の育成も困難になる。さらに金融制度の改革は,外資導入や国際金融センターの設立も課題になる。金融制度改革では,証券市場の整備だけでなく,企業への融資制度の見直しも必要である。中国銀行の不良債権処理は,国有企業の改革をもたらすとともに,銀行による企業管理の方向性をも示すものとなった。

7-4 人民元の「切り上げ」とその経済的効果

2007年のアメリカと中国の貿易は,中国の2000億ドル以上の輸出超過であった。アメリカの貿易赤字は,近年5000億ドルを超えているが,その主要な赤字国は日本,ASEAN などのアジアに集中しており,さらに中国が最大国になった。そこでアメリカは巨額な貿易赤字を解消する一手段として,人民元の「切り上げ」を要求した。その結果中国は,2005年7月,アメリカ・ドルに対して人民元の2％切り上げを行った。同時に人民元は,ドル,日本・円,韓国ウォンなどとのバスケット方式を取り入れることになった。いわゆる発展途上国が自国通貨の切り上げを行ったのは,IMF 史上初めてのことである。

人民元の「切り上げ」問題は,1997年のアジア通貨危機後にもあらわれた。ASEAN 諸国の見解は,ASEAN,韓国の輸出減少,あるいは輸出価格停滞の一因が,中国輸出の急速な拡大にあった。さらに中国輸出が拡大した要因は,人民元の対ドル相場が「割安」状況にあったからである。したがって ASEAN,韓国の輸出競争力を増すためには,人民元の「切り上げ」が必要である,とされた。

2005年の人民元の「切り上げ」は，アジア諸国だけでなく，アメリカや日本からの要請であった。日本の対中国貿易は，近年輸入超過となっており，その超過額も年々増加傾向にある。人民元の「割安」傾向による輸出競争力の増大は，中国製品の日本市場への進出を加速化させている。日本の生産者は安価な中国製品の浸透によって市場が脅かされ，生産自体も減少を余儀なくされているばかりか，倒産，工場閉鎖も起こっている。人民元が「切り上げ」られれば，中国製品の日本浸透を少しはくい止めることができる，としたのである。

　ヨーロッパ，日本の経済不況長期化のなかで，いまや中国など一部の国民経済だけが高率で急速な経済成長を持続している。中国の経済成長を支えている主な要因は，公共投資をはじめとした政府財政支出の増大，外資系企業による生産拡大，さらに輸出依存度が60％を超えるほどの輸出拡大政策にある。中国はこの3大政策が中断されれば高率な経済成長を達成することは不可能である。したがって人民元の「切り上げ」は，外資導入と，輸出増大政策にストップをかけるものであり，経済成長そのものを鈍化させる内容をもっている。

　現在，人民元は，交換性をもっていない，いわゆる「ローカル・カレンシー」である。また人民元の外国為替相場は，市場の動向に委ねる変動相場制を採用していることになっているが，現実は政府による管理相場であり，固定相場に近い状況にある。中国の外国為替市場は，外国為替を扱う銀行が少なく取引時間も制限されていること，外国銀行の人民元取り扱いが制限されていること（2006年に外国銀行の人民元取り扱いを自由化した），先物市場の未整備から為替リスクの回避手段がないことなどの特徴をもっていた。このような状況下で中国政府は，アメリカ・ドルに対して人民元の事実上の固定相場を維持してきた。切り上げ以前の人民元とアメリカ・ド

ルとの為替相場は, 1ドル=8.278～8.280人民元であった。アメリカの製造業者協会は, 購買力平価からすればドルと人民元の相場が人民元の30～40％割安になっている, したがって人民元の大幅な「切り上げ」を行わなければアメリカ製品がますます競争力を失い, 国内市場は中国製品に席巻される, と主張した。日本の一部の企業あるいは経済産業省も同様な見解をとったのである。

人民元の「切り上げ」は, 当然のことながらアメリカ・ドルに対してである。人民元の「切り上げ」とは, 別の表現をすればアメリカ・ドルの切り下げである。ただしアメリカ・ドル自体の切り下げは, アメリカ・ドルを基準にして外国為替相場を設定している固定相場制のすべての国民経済に適用することになり, 今日の国際関係において現実的ではないし, 実施不可能である。なぜならば多くのラテン・アメリカ, アフリカの諸国は, 対ドル相場の切り下げを行おうとしているからである。そこでアメリカは, 人民元とアメリカ・ドルとの関係だけに適用する人民元の「切り上げ」を要請するということになった。

資本主義の歴史では, これまで外国為替相場の切り上げを行う国は存在しなかった。国際収支あるいは貿易収支の赤字を是正するのは, 当事国の責任だからである。今日の状況からすれば, アメリカは貿易収支の多額な赤字を出しているのであるから, アメリカ・ドルの切り下げを行うことが当然である。現実のアメリカの政策は, 自国の経済問題と貿易収支赤字の責任を中国に転嫁しようとしていることになる。アメリカの外国為替相場政策は, 1971年のNEP以来のものである。アメリカの国際収支・貿易収支の悪化の要因は, ヨーロッパ, 日本にあるのだから, これらの国が貿易収支の是正の政策を図るべきだとした, いわゆるアメリカのビナインネグレクト政策である。こうしたアメリカの政策は1985年のプラザ合意でも貫かれた。プラザ合意の結果, 日本は1ドル=260円から2年後には

1ドル＝160円の大幅な外国為替相場変動，ドル安を招いた。ドル安の進行は，日本のバブル経済をつくりだし，また1990年代の長期不況の要因をもつくりだしたのであった。

　人民元の「切り上げ」は中国経済にどのような影響を及ぼすのであろうか。人民元を「切り上げ」ると，一般にはドル建て輸出価格の引き上げを行なわなければならない。なぜなら切り上げ前と同一のドル輸出価格では，人民元の手取り額が減少するからである。ドル建て輸出価格の引き上げは，中国製品の輸出競争力を弱めることになる。その結果，アメリカ，日本は中国製品の輸入を減少させることができることになる。中国の輸入は，ドル建ての輸入価格が変わらないとすれば，人民元での価格表示が低下する。輸入品の人民元価格の低下は，輸入増大をまねくことになる。また輸入原料，部品などに依存する製造業は，確実に人民元コストを低下させることになり，競争力を増大させることになる。さらにドル建て輸入価格の低下は，国内の消費者価格を低下させることになり，国内消費を拡大することになる。しかし現実の中国において高価な輸入品を購入できる階層は一部の富裕層に限られており，「切り上げ」による消費拡大効果は小さい。ところが外国からの直接投資は，人民元の「切り上げ」によって減少することになる。それは人民元切り上げ前に比べてドル建て投資額を増大しなければならなくなるからである。

　人民元の「切り上げ」は，中国の輸出を相対的に低下させ，同時に直接投資を減少させる効果をもっている。さらに重要なことは，人民元の「切り上げ」が，輸出依存度の高い外資系企業の輸入コストの低下につながることである。外資系輸出企業の多くは，原材料・部品を輸入に頼っているからである。さらに外資系輸出企業は，輸出拡大によって外国市場を安定的に確保している場合が多い。したがってドル建て輸出価格の引き上げは，外資系企業の利潤量を増

大することになる。いわば人民元の「切り上げ」は，外資系企業の中国における一層の生産拡大，輸出拡大を可能にするのであって，中国経済へのプラス効果は小さい政策ということになる。

　人民元の「切り上げ」問題は，高度成長を続けてきた中国の経済体制を根本から問い直すものとなっている。中国経済が高度成長を持続すれば21世紀の早い時期に世界最大の GDP 生産国，貿易国になる可能性があるといわれている。しかし，人民元が大幅に「切り上げ」られれば，その可能性は小さくなる。中国製品の国際競争力の増大，中国製品の大量輸出は，アメリカ，日本だけでなく，アジア諸国やヨーロッパ諸国に「中国脅威論」を形成する根拠となっている。いわば「中国脅威論」を掲げて中国の国際競争力を弱めていこうというのが，アメリカ，日本の戦略ということになる。その意味で中国は，人民元の「切り上げ」を国際社会の要請だからといって安易に受け入れてはならないのである。むしろ責任はアメリカ，日本の経済政策あるいはその対外政策にある。中国は長年の困難をようやく乗り越えて経済成長を達成してきた。この中国の経済発展の軌跡は，多くの発展途上諸国にとってモデルとなるべき内容をもっている。中国の経済発展は，先進資本主義主体の国際関係システムから，発展途上諸国も含めた平等，対等，相互依存の関係を形成する契機ともなるものである。

　今日の中国の国際関係は，拡大の一途である。数年後にアメリカを抜いて世界最大の貿易国になるであろうし，中国企業の直接投資も増大している。中国が貿易・投資のさらなる拡大を図るためには，国内市場の開放を進めるとともに，外国為替取引の自由化および変動外国為替相場を採用せざるをえない。変動相場制の採用は，結果として人民元の大幅な切り上げをもたらすことになり，低価格輸出の維持を困難にすることになる。

7-5　経済的諸課題の克服

　1950年代の旧西ドイツ，1960年代の日本，1970年代の韓国は，年率10％前後の急速な経済発展を経験し，いずれも奇跡的ともいわれてきた。中国は21世紀に入ってからもこれらの諸国に匹敵する経済成長を遂げている。今後も長期にわたって高度経済成長を達成できれば，中国は21世紀の早い時期に世界最大の経済大国に，あるいは世界最大の貿易国になる可能性をもっている。中国は今日の経済成長が持続するとすれば2020年には現在の GDP の4倍となり，日本を抜いて世界第2位の経済大国になる。さらに年率8％の成長を維持することになれば，どの国も経験したことのないほどの持続的経済成長となる。そして現在の貿易の拡大スピードが今後も持続するならば，中国の貿易規模は2010年頃には世界最大になる可能性をもっている。しかし中国の急速な経済成長は，中国経済だけで達成できるものでなく，世界経済の動向との関連において可能となる。すなわちその可能性は中国の経済発展にみあうアメリカをはじめとする先進資本主義およびアジア経済の成長が期待できるならばである。開放政策後の中国は貿易の拡大，外国資本導入の拡大などにより国際的経済関係を緊密化する政策を追求してきた。

　中国は高率な経済成長を達成してきたが，その原動力の一つは外国資本・技術である。とくに外資系企業は，輸出の60％以上を占めるようになった。その反面，国有企業，国内企業は脆弱であり，持続的成長の障害にもなっている。また中国の工業製品生産は，その80％以上が供給過剰の危険性がある産業部門である。

　中国の経済成長は，国内での設備投資の拡大，輸出の増大，外資の導入が主な要因となっている。設備投資は2000年以降毎年10％以上拡大してきた。設備投資の拡大は，中国政府による公共投資が大

きな要因になっている。公共投資は，中国政府の建設国債の発行によって行われている。その規模は毎年1500億元であり，国家財政の赤字増大の要因にもなっている。国家の財政赤字はGDPの4％に達している。また資金需要を支えているのは，公定歩合の引き下げによる設備投資の拡大である。公定歩合は1995年の10.44％から2002年には2.7％に低下した。現在は過剰投資を回避するために引き上げられて3％台となっている。こうした資金需要の拡大のなかで中国の国有4大商業銀行の不良債権は，2005年末で1兆8000億元となり，貸出総額の40％以上に達している。

中国では1990年代末に高い経済成長を維持しながら，消費者物価が下落する事態が生じた。第二次世界大戦後の資本主義国家では，高い経済成長を達成すれば同時に消費者物価も上昇するという状況があった。高成長の過程では，賃金上昇によるコストアップ，公共料金の引き上げ，さらには寡占価格などによって価格が上昇した。中国も1990年代は急速な物価上昇をまねいた。しかし1998年からは物価下落あるいは横ばい状態が続いた。1990年代初めまでの物価上昇は，供給不足による需要の増大が主因であった。1990年代末の物価停滞・下落は，供給不足から供給過剰の状態に転換したことを意味している。供給過剰になった要因の一つは，中国人民銀行の金融緩和策により豊富な資金が企業に流れ込み設備拡張をまねいたことである。その結果，需要を上回る生産量となり販売価格の低下となった。しかし企業は販売価格が下落しても生産稼働率を維持するために採算を無視した生産拡大と激しい企業間競争にさらされた。とくに家庭電器製品であるテレビ，エアコンなどでの販売価格低下は顕著であった。その他日用品，食品などでも価格低下が起こり，2002年は0.9％下落となった。中国の1990年代末から2000年代初めまでの経済状況は，先進国が経験したことのない特異な状況であったことになる。

中国経済は，高い経済成長を続けるために世界経済との関係を強めざるをえないのである。こうした中国経済の世界経済とのリンクは，国内経済に与える影響が大きく，種々な問題も生じている。世界経済体制に組み込まれる過程にある中国経済は，今日どのような問題に直面しているのか，国際的経済関係を中心に列挙すれば次の通りである。

第1に，1970年代後半から世界経済は構造変化の過程に入っており，中国も世界経済の運動のなかに取り込まれたのであった。中国の1979年以降の開放政策は，多国籍企業の受け入れのための基盤整備であり，そのための国内政治・経済体制の強化が中央政府の課題として登場した。世界経済の枠組みのなかに積極的に参加するためには，国内の基盤整備を必要とする。その基盤整備は，世界貿易・国際金融市場システムすなわちIMF，WTOに巻き込まれていく側面と，あるいは世界経済システムに積極的に参加していく条件を形成していく側面の両面をもっている。そこで中国は，財政政策とりわけ合理的な徴税制度を確立することによって，財政基盤を強固にする必要があった。また金融システムは，企業の資金調達を可能にする間接金融方式の確立を目指すのか，または直接金融方式のための株式市場の整備を優先するのかの政策を提示することが必要であった。資本主義制度の確立を急ぐならば，金融制度・株式市場の整備が必要であるが，中国政府の施策は，どちらも不十分であり，文字通りの開放政策となっていない。

第2に，先進国企業は，多国籍企業を中心に過剰資本の存在，過剰生産設備の存在，およびEU，NAFTAなどの経済統合の進展にともなう市場拡大の制限に直面している。また発展途上諸国における経済的困難の一層の拡大，新規技術開発の困難性などの諸要因が重なって，先進国企業は，中国市場へ向かわざるをえない状況となっている。中国市場は，先進国企業にとって将来的にも拡大の可

能性をもっているのか，そうでないのかが問われている。少なくとも先進国企業にとっての中国は，今後も共産党政権が維持され国内において政治・社会的混乱が回避されるならば，依然として有望な市場としてあるいは国際的生産基地としての意義が大きい。さらに中国経済は，アメリカ市場依存から EU へシフトしてきているが，アジアとりわけ日本，韓国および ASEAN との国際分業の関係を一層深めていくかどうかの選択課題がある。中国は多国籍企業の世界経済体制の網の目に組み込まれた生産力発展であった。これまでの中国経済・企業の生産体制・経済構造は，多国籍企業の網の目に組み込まれたことによって自立性を失う危険性がある。中国は，多国籍企業の世界戦略のなかの一地域として位置づけられているのであるから，経済構造を当然多国籍企業の国際分業体制に似せて形成せざるをえなくなっている。多国籍企業による国際的生産配置は，アジア地域との国際的分業関係も推進していくことになる。したがって中国は自立的国民経済形成を目指すならば，多国籍企業の要請にもとづく生産配置ではなく，アジア諸国との共同化・連携によってアジアとの国際分業関係を推進していくことが重要である。アジア諸国との共同化・連携は，華僑・華人資本を中心に行われることもある。中国はアジアとの連携を強めていくことによって中国の主体性を発揮できる条件を形成するという方向性も目指している。

　中国のこれまで開発してきた独自技術は，国際的競争関係からは相対的にかけ離れていた。したがって中国の経済発展は外国技術に依存せざるをえない状況にあった。まして多国籍企業の国際分業体制に組み込まれると，国内の既存技術を活用することはできなくなる。「自立的」国民経済形成を経験した先進諸国においても，初期の段階では外国資本・技術に依存する場合が多かった。中国は自己技術開発が進展しなければ，先進国の単なる下請け的生産地になる可能性がある。現在の中国は，多国籍企業の世界体制のなかに組み

込まれることによって先進国資本の「下請け的生産」という性格が強められつつある。しかし中国が，今後も多国籍企業の下請け的生産体制を強化していくとするならば，多国籍企業の資本，技術あるいは市場に一層依存していく経済システムになる。そうなると中国の経済建設は，いわゆる「自立的」国民経済システム形成を目指すとことよりも，先進国あるいはアジアとの共存政策の追求あるいは追随となる。中国は ASEAN 諸国との FTA 締結が日程にのぼっているし，また日本，韓国との FTA 締結も提起している。いまや中国はアジア経済圏設立の中心的役割を担おうとしているのである。こうした中国の国際関係の行動は，資本主義システムの確立のための経済改革あるいは資本主義世界経済システムに適用した政策の推進を意味している。

　第3に，沿海地域の発展と内陸部の経済的格差問題である。中国の経済発展の過程は，多くの先進国が経験したのと同じように，工業と農業，先端産業と素材・労働集約型産業，大都市と中小都市，都市と農村などの経済的格差の拡大をもたらした。こうした現象は今後も継続していく過程にある。したがって経済的格差は，経済発展が続くなかで克服されるのか，あるいはその格差を活用することによって，より資本主義的市場形成を促進することにつながっていくのかの課題がある。また輸出産業と非輸出産業，競争力のある産業と弱い産業，保護を必要とする産業と外国市場へ進出しうる産業，技術集約型産業と労働集約型産業など，産業間の格差問題をどのように解決していくかの課題もある。中国政府は，課題解決の方向性の一つとして西部開発計画を策定している。しかしこの西部開発は，中国内部の資本・技術の活用ではなく，外資系企業の誘致をどのように図るかが課題になっている。各地で計画された「開発地区」，「経済特区」などは，これまで6866あったが，そのうち4800地区の計画が取りやめになっている。急速な経済発展は，各省・地域での

実現不能な計画を導いた。その結果,過剰な地域発展計画は縮小されることになった。外資に依存する経済発展・地域発展に,一定の歯止めが課せられたのである。

第4に,中国の経済発展は外資系企業を中心とした国際分業関係を一層強化している。その結果,外資系企業と非外資系企業との経済的格差・生産力格差・技術格差などが増大する傾向にある。したがって,国有企業も郷鎮企業も外国企業との合弁あるいは資本投下を望んでいる。外資との合弁を達成するためには,経営を黒字基調にする必要がある。また国有企業は輸出企業になり,外国技術を導入しなければならないのであり,過剰な労働力を処理しなければならない。国有企業,郷鎮企業で大規模なリストラクチュアリング,過剰労働力の処理を行った企業のなかには,外資導入に成功している例もでてきている。そうなると多くの企業で,いわゆる合理化を推進していくことになるが,過剰労働力をどのように救済するか,あるいは農村における過剰労働力をどのように解決するか,具体策を講じなければならない課題がある。

第5に,WTO加盟以降の世界経済関係のあり方である。中国はWTO加盟によって,対外市場進出を加速化していくとともに国内市場も開放することになり,さらに公正貿易を志向することになる。とくに市場開放によって,関税率の大幅な引き下げを余儀なくされている。自動車をはじめとして農業生産物にも例外なき関税制度が適用される。また知的所有権,サービス貿易などでの市場開放も求められている。こうした開放政策・自由貿易志向は,既存の地域産業・地場産業などが国際競争のなかで生産維持が可能になるかの課題を提起している。

中国は工業生産力が増大するなかで,農業生産も拡大してきた。中国の人口13億人のうち70％は農村人口であり,その50％が農業に従事している。食糧生産は一時期年間5億トンに達し,カロリー計

算上は全人口を養える生産量となった。中国は食糧生産において自給できるだけの体制をつくってきたのである。ところが近年は農業地は工業地あるいは住宅地，道路などに転換され，耕地面積が縮小してきている。さらに総体として耕地面積は広大だが農業規模が小さく，1人当たり可耕地は日本の約4分の1の0.3ヘクタールにすぎない。したがって農家は所得の向上のためには農業規模の拡大を図らなければならないか，さもなければ農業から離れて都市労働者に転化しなければならない。また農業部門には自由化の波が押し寄せ，大豆などは世界最大の輸入国となった。その反面，一部の農産物は生産過剰状態になっている。安価な外国産農産物輸入および農業生産の過剰は，農産物価格の低下をまねいた。農産物価格の低下は，農業から出稼ぎ労働者への転身を促進するとともに，商品作物・輸出作物への転換を促すことになった。中国製ネギ，シイタケ，イ草に対して日本政府は，2001年にはセーフガードの適用を検討した。セーフガードは正式な適用が見送られたが，これらの農産物は日本の商社などによる開発輸入である。開発輸入に関しては日本企業の問題であるが，同時に中国農業の特殊性にも起因している。中国農業の一部は安易に商品作物・輸出作物に転換し，農作物の継続的生産より一時的な所得向上を目指した。こうした特徴をもつ中国農業を今後も継続していくためには，農業規模の拡大，農産物の販売・流通制度の改革，農業生産の改革，たとえば主食農産物生産だけでなく都市近郊野菜生産，果実，畜産などの多角化生産，外国からの安価な農産物輸入の制限，一部農産物に対しての価格保障制度の確立などが必要である。中国の農業は大量雇用部門である。農業以外に農業から離れた人々を大量に雇用できるような産業部門は存在しない。今日のように農村からの安価な労働力供給が外資系企業の競争力を維持するようなシステムが長続きしないことは明らかである。

　第6に，労働条件の改善である。中国では2007年に労働契約法が

成立した。これまでの労働者は解雇，賃金未払い，低賃金，子供の就労など十分な権利が保障されていなかった。労働契約法は終身雇用を認め，不当解雇の禁止，労働条件の改善，賃金の保障など，労働者に有利な法律制定となっている。広東省，福建省，江蘇省などの沿海地域の発展は，地方からの大量の低賃金労働者に支えられた側面が強い。新しい法律の制定は，外資系企業に及ぼす影響も大きい。外資系企業を含めて輸出企業は，大量の低賃金労働力確保が困難になるからである。しかし中国の賃金水準は他のアジア諸国に比べても低く，それだけ国内需要の拡大を妨げてきた。低賃金労働から解放され，賃金水準が上昇すれば，国内の需要の拡大が可能になり，輸出依存経済からの脱皮も可能になる。IT産業など一部高度技術を要する産業は，労働力不足により賃金は高くなっている。産業間，技術労働と単純労働，地域間，外資系企業と地場企業間などの賃金格差が大きく広がっている。さらに出稼ぎ労働者あるいは失業者に対する就業斡旋も制度として確立していない。失業者は再就職斡旋センターなどが地域によって設立されているが，再就職が確実にできるなどの十分な機能を果たしているわけでない。失業保険などの整備も不十分である。中国は大学を含む高等教育が拡充しており，大学進学率も16％と高くなっている。近年は大学卒業者は年間500万人となり，こうした卒業者の就職状況も悪化している。国際競争力の増大を求める企業が，コストの削減，労働者の解雇などを行うことが，より労働力の過剰状況をもたらすのである。

　以上，中国経済のもつ問題点を国際的経済関係を中心に整理してみた。このほか中国経済は，貧困層の拡大，高齢人口問題，大気汚染・環境問題，砂漠化の拡大など多くの経済的困難を抱えている。これらの問題は経済発展の過程において克服されていく側面と逆に問題を大きくしていく側面の両面をもっている。また1997年に生じたアジア通貨危機は，タイ，インドネシア，韓国などの金融システ

ムの脆弱性を明らかにしたのであり，同時にこれらの諸国のアメリカ，日本など先進国への貿易，金融，技術，市場依存から生じたのであった。東アジア諸国・地域でのアメリカ・ドルに対する事実上の外国為替相場の切り下げは，中国の国際競争力を相対的に低下させるという状況を生んだ。中国は国民経済政策の基本として内需を拡大し，公共投資を中心とした財政政策の推進とともに人民元の通貨安定を追求することとしている。ここでの内需拡大とは都市と農村における低所得層の所得拡大を図ることであり，また養老年金や失業保険制度などの社会保障制度を充実して所得格差を少なくすることである。国民経済構造に関しては，IT産業，バイオ，新素材などの新規産業の導入，西部開発を進め地域間格差を是正，さらに国有企業の改革によって競争力のある企業の育成などを推進することが必要である。基幹産業である農業に関しては，伝統農業の近代化を図ること，インフラを整備すること，農民の租税負担などを軽減することによって，農業収入の増大を図ることが必要である。こうした経済政策を推進するならば，5％前後の経済成長率を達成しうる可能性がある。

　中国政府のWTO加盟は，国民経済構造の転換，所得格差・地域間格差などの是正の契機となるものと位置づけられている。同時に中国政府は，実効ある政策のために法体系の一層の整備を必要とすること，ASEAN，日本，韓国など近隣諸国との経済協力を推進すること，輸出商品・地域の多様化・多角化を推進すること，外資の利用を拡大することが必要であるとしている。WTOルールにもとづいた国際関係を形成するためには，国内で氾濫しているコピー商品を流通させないこと，不透明な商慣習を改めることなどの市場経済秩序の整備が必要である。さらにこれまでの「社会主義的伝統的な経済体質」を改め市場経済化を推進するとともに，規制緩和を図り，公共サービスを充実すること，中国独自の技術開発を進めるた

めの基礎研究,ハイテク研究を促進することなどが課題である,としている。

　中国経済を取り巻く国際関係は,複雑化している。とくにアメリカの経済には不安定要素が多々ある。EU 統合はより域内貿易・投資の拡大となり,域外からの進出を困難にさせる。日本は長期不況を脱する政策すら確定していない。したがって中国市場をめぐっては,中国企業とアメリカ,日本,EU 企業間の競争が激化せざるをえない。中国経済は,先進資本主義諸国・企業によって21世紀最大の巨大市場として位置づけられているからである。もちろん中国市場をめぐる争奪競争の主要な担い手は多国籍企業であるが,さらに国際金融市場に溢れる巨額の過剰資本の処理地としても重要な位置を占めている。中国は,貿易収支の大幅な黒字を背景にして,アメリカ・ドルの国際通貨システムを維持する担い手としての重要性も増している。中国の経済発展の過程は,世界経済関係に及ぼす影響が大きくなってきているのである。21世紀中国の動向は,旧ソ連,東欧諸国などの市場経済化への道,およびアジア,アフリカなどの発展途上諸国の経済発展の「型」を示すことになる。

第8章　21世紀の日本の対外関係

8–1　日本の対外関係の展開

　グローバル化が進展する世界経済の変化のなかで1980年代から日本経済は，貿易，投資，技術移転，労働力移動あるいは援助などの対外関係が大きく変わった。日本は1990年代に入って，アメリカ，EU とは異なり，長期にわたって成長率が鈍化し，不況状態が継続している。2006年の日本の失業率は4％を超えた。さらに巨大銀行の不良債権処理が加速され，企業の倒産数も増加した。2002年からは経済成長率がプラスに転じ，プラス成長は史上最長となっている。しかし日本経済には，成長軌道に乗っているとの実感がともなわない。それは一部企業において企業収益が増大し，設備投資あるいは海外直接投資が拡大しているものの，なによりも大多数の労働者の賃金が上がっていないからである。むしろ日本経済は，いわゆる所得格差の増大，不安定就業者の増大など経済成長期の現象とは異なる経済状況となっている。

　日本は，多額の貿易収支の黒字を長期間維持するという比較的経済的パフォーマンスの良好な国でもある。2008年の外貨準備高は9000億ドルを超えている。こうしたなかで日本経済は，ウルグアイ・ラウンドでの合意，WTO 原理にもとづく市場開放を推進する政策を追求してきた。

　日本の政策は，1960年代に進行した貿易の自由化，資本の自由化時に明らかなように，アメリカをはじめとしたいわゆる「外圧」を利用して国内の経済構造の整備をはかり，企業の競争力強化策を図ってきた。1973年の「石油ショック」時も日本企業は，合理化と

技術革新が国民経済的課題であるかのように社会的に認知させ，国際的競争力の増大を図った。また貿易・資本の自由化措置は，競争力の強化過程としての企業間の合併・統合を推進したのであった。IMF体制の崩壊やドル安・円高への移行，2度にわたる石油ショックは，日本の産業構造の転換を促進し，日本企業の対外経済関係を深めていくことになった。

今日の先進資本主義国のすべての政策基準は，多国籍企業の活動を拡大する内容をもっているが，同時に世界市場での「覇権」を獲得する条件もつくりだしている。しかし日本の対外関係は，アメリカとの協調の展開であり，日本独自に覇権を獲得する状況をつくりだしてはいない。1980年代後半からの日本の対外進出拡大政策は，日本企業の多国籍企業化を促しただけでなく，新たな国際関係を形成するものであった。世界経済構造の転換のなかで，アメリカによる覇権の維持とEU，日本による新たな市場システムの構築は，貿易，国際通貨，金融などでの国際的協調体制を必要とした。同時に，新たな市場システムは，それぞれの国・地域間の激しい競争関係をまねくことになった。EU，NAFTAなどの地域統合は，アメリカ，ヨーロッパ企業に安定市場を提供するとともに，「覇権」の基盤を形成するという意義がある。ところが日本の場合は，EU，NAFTAのような地域経済基盤をもっていないがために，安定市場確立を目指して様々な対外政策を展開しなければならない。さらに最近は東アジア経済共同体の創設というテーマが浮上した。アメリカ，EUに対抗する地域経済市場の形成である。このように21世紀の日本の対外関係は，アメリカ，EUとの競合と共同化を追求しながら，アジアでの安定市場を形成するという両面の政策を展開していくことになる。

8-2 日本の対外関係の構造

8-2-1 日本貿易の特徴

　日本の貿易の特徴は，原材料を輸入し，製品に加工し輸出する構造といわれてきた。それは生産力水準に比べて資源の絶対量が乏しい状況のなかで見いだしてきた産業構造の選択であり，経済成長を促す要因であった。とりわけ第二次世界大戦後は，素材産業を基軸として生産力発展が行われてきたし，素材産業が日本の重要な輸出産業であったからである。素材産業を基軸とした加工製品の輸出を拡大するためには，アメリカ，ヨーロッパから輸入した技術を応用・発展させ，国際競争力を強める必要があった。製品は主に東アジア，アメリカの市場に向けられた。こうした日本の貿易構造は，1970年代の世界経済の構造転換に歩調を合わすように変わっていった。とくに1980年代の日本経済の「国際化」への志向，1985年の「プラザ合意」以降の急激なドル安・円高傾向などは，国際関係の構造転換を加速化させた。また国際貿易のシステム転換を掲げたGATTウルグアイ・ラウンドの進展と1995年のWTOの発足は，日本貿易の転換を決定づけるものとなった。日本の生産体制・貿易体制にとっては，経済成長を促す基軸を，輸出から輸入の拡大，海外生産の拡大に転換することであった。この転換は輸出主導型の国内生産体制・国際分業体制から，いわゆるグローバルシステムへの移行という形態である。海外生産を基軸とする国際分業体制は，東アジアさらには中国までを含むのであり，日本を頂点とする経済圏の建設を目指したのであった。

　戦後の日本貿易の首座を占めていた繊維製品，鉄鋼は，1960年代，70年代がピークであった。繊維製品，鉄鋼輸出は今日，金額・数量ともに低下しているだけでなく，逆に輸入が大幅に増大している。

さらに戦後日本の経済成長の象徴であった家庭電器とくにカラーテレビ，VTR などは，輸出数量の減少が顕著であるばかりか，輸入数量が輸出数量をはるかに上回ってきている。1970年代以降の日本経済の構造転換，すなわち高付加価値・高度技術集約型産業への移行の典型である半導体生産は，日米半導体協定の影響や後発生産国の韓国，台湾の競争力強化などによって，関連企業が生産減少に追い込まれ業績悪化をまねくことになった。半導体の貿易は，輸出数量よりも輸入数量の伸びのほうが大きくなっている。とりわけ2001年に生じた半導体不況は，貿易の形態を変えることになった。

　日本経済の生産・雇用の10％は自動車関連産業ともいわれているが，国内の自動車生産は1992年をピークに急速に低下している。1970年代，80年代の自動車生産の伸びは，輸出の拡大が寄与していた。自動車輸出は，近年ほぼ横ばいの状況である。不況の影響および輸出の停滞によって日本国内での自動車生産は低下している。しかし日本の自動車企業は，アメリカ，ヨーロッパ，アジアでの現地生産の拡大により総生産量が増大しているのである。日本企業の世界市場でのシェアは増大し，トヨタ自動車が生産量・売上高において世界最大の自動車企業となっている。日本企業の海外生産の増大は，自動車部品の輸出拡大となっている。さらに自動車企業をはじめとした日本の主要企業の海外生産の拡大は，今日の国際関係を形成する主要な契機となっており，東アジア経済共同体形成などの国際分業再編を促す主要因となっている。

8-2-2　貿易構造の転換

　日本貿易の急速な転換は，1960年代後半から維持してきた貿易収支黒字幅を減少させる傾向があった。その要因は大きく二つある。第1は，世界経済構造の転換である。世界経済は，1974-75年恐慌を契機として大きな転換点を迎えた。とくに EU などの経済統合の

進展,東アジア諸国の経済発展などは,貿易・投資などの国際関係を転換させた。第2は,日本経済の「国際化」の進展とりわけ日本企業の海外進出の増大・多国籍企業化への道である。1980年代は日本企業の海外進出が加速度的に増大した時期であった。日本企業は,東アジア,アメリカ市場への進出がめざましく,その結果,海外製品の輸入促進,製品輸出の相対的低下という事態をまねいた。この二つの要因は,国際的分業関係の編制替えであり,国内の生産構造の転換をもたらしたのである。国内の生産構造の転換は,国際的分業関係とくに東アジア諸国の経済に大きな影響を及ぼしている。アジア NIES,ASEAN の経済発展と日本の海外進出は,相互に密接な関係をもっている。中国の高度成長を促した要因の一つは,日本企業をはじめとする外資系企業の現地生産の拡大である。日本経済の動向は,それだけ国際的経済関係とりわけ東アジアにもたらす影響が大きくなったことを示している。

　日本は資源のない国であるがゆえに,諸外国から原料・材料を輸入し,加工して輸出すること,いわゆる加工貿易国を目指すことが長らく経済発展の道といわれてきた。そのための条件整備が国民経済発展の課題であるとの認識であった。日本の高度成長期は,鉄鋼,アルミニウム,銅,石油化学などの素材産業の発展を軸として,家庭電器・電機,精密機械,繊維産業などが発展していった。生産力を発展させた産業は,例外なく輸出産業でもあった。戦後日本の輸出産業の首位を占めていた鉄鋼は,1970年代の初めまで世界最大の生産性と輸出競争力を有する産業であり,外貨獲得産業として君臨していた。鉄鋼産業はつねに日本の基軸産業として位置し,歴代の経団連の代表は鉄鋼高炉メーカーから選出されていたほどである。鉄鋼生産は1960年代・70年代の初めまで,生産量の3分の1が輸出に向けられていた。やがて1970年代に入って生産量が低下ないし停滞する時期を迎えたが,それでも輸出は30％を超え,1973年のいわ

ゆる石油ショック後もその水準を維持していた。鉄鋼産業は，石油ショックを契機として省エネルギー，省労働力，低コスト化，高付加価値製品への移行が進み，生産性の低い高炉などを廃止したのであった。その結果，世界市場では，高付加価値の鉄鋼製品輸出を日本が担い，標準化された製品輸出を発展途上国が担うという一種の棲み分けが進行した。しかし鉄鋼においても国際分業関係は大きく変わりつつある。中国は世界最大の鉄鋼生産国になり，韓国，台湾およびブラジルなども生産能力・競争力を増強しているからである。

鉄鋼に代表される生産性の向上・高付加価値生産への移行，労働力の削減・合理化の推進は，日本の主要な産業で実施された。1970年代，2度にわたる OPEC 諸国による大幅な石油価格引き上げは，エネルギーをはじめとする原材料コストの引き上げ，部品コストおよび賃金の上昇をもたらした。石油ショック以前の日本の輸出産業は，生産力の増大と相対的低賃金に支えられて輸出競争力を維持してきたのであった。その競争力を支えてきた条件が変化したのであるから，これに対応して企業も競争力の強化と同時に生産体制，生産品目を変更しなければならない。企業の生産システムの変化は，同時に日本の経済構造総体の転換をも意味していた。日本経済・企業の競争力強化は，技術革新と合理化を推し進めることであった。技術革新とは，従来の技術水準を超えること，新製品の開発，新機械を導入することであり，なによりも生産性の向上とコストの削減であった。合理化とは生産体制の合理化であり，新しい生産管理・労務管理システムなどの導入による労働力の有効活用，すなわち労働力の削減であった。日本企業による合理化の徹底は，企業の競争力の維持を図る過程であるとともに，労働者の意識を変革する過程でもあった。高度成長期の企業と労働者の関係は，利潤の極大化が労働者の利益と反比例する，という原理的な対立関係にあった。1970年代の合理化・技術革新の進行は，企業利潤の増大が企業と労

働者の双方に利益をもたらす，という労資協調の方向への転換を促したのである。企業の利益は労働者の利益と一致する，いわば企業と労働者は一つの運命共同体にあるという考え方の徹底が図られるようになった。労働者の権利としてのストライキは，この時期を境にして急速に減少する。また日本型賃金引き上げシステムの典型であった「春闘」も，企業の多くが一発回答，ストライキ無し・話し合い決着に変わった。労働運動が抑えられ，賃金上昇が抑制される事態は，企業の徹底した経営・労務管理が全社会的に浸透したことを意味する。したがって賃金を引き上げるためには，生産性の向上が必要である，という企業論理が労働者，労働組合に浸透し，労資一体化が一層進展することになった。

8-2-3 新たな国際化の展開──海外生産の増大

日本の企業管理システムの一つとされているTQC (Total Quality Control) は，1970年代多くの企業に瞬く間に浸透していった。トヨタ自動車の生産体制として有名な「カンバン方式 (JIT)」は，在庫管理を生産・労務管理にまで広げ，労働力の削減とともに部品供給の合理化・削減，コスト低下，下請け生産体制の整備という効果をもたらした。また「カイゼン」という名の労働者自らの生産性向上運動は，世界に浸透する日本型の経営システムであった。

日本型経営の代表的産業である自動車企業の競争力強化をもたらした要因は，政府による自動車産業育成政策すなわち道路整備，交通機関の整理による需要喚起政策，所得の増大による需要拡大などとともに，企業による競争力増大と品質の向上にある。さらに日本の自動車企業の生産システムは，アメリカ自動車産業の再生にも寄与することになった。したがって日本の自動車企業の生産システムは，自動車産業の生産増大と，海外進出の拡大によって世界的に標準化される傾向をつくりだしたのであり，自動車企業の世界的寡占

体制構築への階梯であった。

　1970年代の日本企業の国際競争力強化政策は，日本の経済構造の転換をもたらすとともに，貿易構造を変化させていった。さらに経済構造の転換は，様々な領域に影響を及ぼした。たとえば政治の分野では，一時的な多党化現象と政党の集約化，保守回帰現象を生じさせた。労働の分野では，1950年代後半および1960年代に高揚した労働運動が，やがて企業の生産性向上運動に呑み込まれていった。旧国鉄をはじめとする国有企業の民営化もその一環であり，ストライキのない春闘も恒常化していった。労働運動は体制内運動あるいは企業内運動という性格を強くしていったのである。生活・家庭の領域では，使い捨てに代表される大量消費社会の進展があり，また高齢化の進行，出生率の低下，核家族化なども生じた。教育の領域では，大学進学率が増加し，文部科学省の教育一元化・統制が強化されるとともに，他方ではいわゆる落ちこぼれ層の増大が社会問題化してきた。こうしたなかで日本経済は，「石油ショック」を契機にして国内の生産体系・構造の転換，社会システムの転換，一層の国際的展開の必要性が生じたのである。

　アメリカ・ヨーロッパ諸国は，1974-75年恐慌以降，不況の長期化を余儀なくされた。これらの諸国は，日本のように技術革新・合理化の徹底という競争力の強化，生産体系の急速な転換を社会的規模で推進することができなかった。その要因は，第1に，日本のように技術革新・合理化の徹底を企業が推進し，労働者が協力するという「社会的合意」が形成されなかったことである。すなわちアメリカやヨーロッパは，日本と比べて資本主義の「成熟した段階」に入っていた。また資本家と労働者の「階級」関係は，資本主義の歴史において形成されたもので，日本のように短期間で協調関係・運命共同体となる状況ではなかった。日本は高度成長政策から経済の質的転換の必要性が増していたのであったが，ヨーロッパは経済転

換の緊急性は小さかったのである。第2に,アメリカは,国内の生産力拡大よりも企業の多国籍企業的展開およびアメリカ経済のグローバル化を目指していたこと。第3に,ヨーロッパは,EC(今日のEU)のイギリス加盟をはじめとして,拡大の方向を目指していたこと,および国際通貨体制の構築の必要性が強かったこと,などである。

　日本の生産力の質的転換・競争力の強化政策の結果は,国際的展開を拡大する必要性としてもあらわれたのである。1970年代後半から始まった日本企業のアメリカ・ヨーロッパ諸国への鉄鋼,自動車,家庭電器,精密機械などの集中豪雨的輸出は,やがて貿易摩擦を生むこととなった。アメリカとの貿易摩擦は,古くは繊維製品に始まって,カラーテレビ,鉄鋼,自動車,半導体など広範囲にまで及ぶのである。こうした1970年代の日本の国際的経済関係は,1980年代に入るとさらに質的転換を図る必要性が強くなっていく。

　1980年代になると日本の社会は,国際化,情報化,高齢化という三つのキーワードに代表されるような課題が生じてきた。国際化とは日本経済・日本企業の貿易,投資,援助の拡大あるいは円の国際通貨化政策であり,日本市場の一層の開放化を目指すことである。情報化は,コンピューターに代表される情報通信機器産業の発展が日本経済の基軸産業となることを期待するものである。高齢化は,平均余命が伸びるなかで高齢者を対象とした産業の育成を図ること,経済成長の鈍化にともなう財政の硬直化のために高齢者向けの財政支出の削減が必要になることを意味している。日本社会は,国際化,情報化,高齢化というキーワードを掲げることによって,外国市場への進出,新規産業の育成,財政支出の削減という目的を達成しようとしたのである。とくに国際化政策では,日米構造協議を通じてアメリカに市場開放を約束してきた。1995年のWTOの発足も踏まえて,コメに象徴されるような市場開放は,アメリカの要求という

よりもアメリカの圧力を利用して，農業政策の変更，国内流通体制の整備および企業の外国市場への進出を促すという目的で行われた。さらに国際化政策は，経済的側面だけでなく社会，文化あるいは教育などの領域でも展開された。政治の領域では，国際貢献という名目で自衛隊の海外派遣を行い，国連安全保障理事会での常任理事国への昇格なども課題となった。文化の領域では，インターネットなどの通信システムの開発，音楽，美術あるいは文学・小説などにおける国境を越えた展開，あるいは年間2000万を超える人々が海外渡航を行うなどの現象となっている。教育の分野では，高等学校・大学でのネイティブ・スピーカーによる授業の実施，外国人留学生の増加，帰国子女教育の拡大などとしてあらわれている。こうした国際化政策は，国内市場の開放，日本企業の多国籍企業化の促進あるいは海外市場への一層の進出を促すものである。国際化はいわば「外圧」を利用して国内市場を開放するとともに国内の産業構造の転換をはかっていくこと，日本企業の外国市場進出の条件を形成していくことを目的とした。

8-3 WTO体制下での外国貿易構造

2006年の日本貿易は，輸出・輸入合計約1兆1000億ドルで世界貿易の約8％となっている。1990年代後半から日本貿易は，輸出入とも停滞傾向にあり，世界貿易におけるシェアが低下している。さらに日本貿易は1960年代と大きく異なり，従来の加工貿易型から製品を輸出して製品を輸入するという構造に転換している。

1990年代以降，日本貿易は輸出入とも微増であり，輸出超過の幅も縮小する傾向にある。日本の製品輸入率は，1990年代後半から60％を超えている。自動車や半導体，カラーテレビ，VTRなどは輸出商品でありながら同時に輸入商品にもなっている。VTRは

1970年代後半から生産が開始され、国内市場よりもアメリカなどの外国市場への輸出によって生産拡大が行われた。VTR は安価な韓国製品の日本市場への浸透にもよるが、日本企業によるマレーシアなどでの海外生産増大のために輸入商品に転換する事態が生じたのである。VTR は生産開始・輸出開始から15年で輸出入バランスが逆転し、さらに DVD プレーヤー・レコーダーの普及によって生産量が激減している。カラーテレビは、すでに30年以上にわたって家庭電器産業部門の主要な製品であるが、このカラーテレビも輸入台数が輸出台数をはるかに超えている。日本から輸出するカラーテレビは、一般に高度技術集約的な高価な製品である大型液晶、プラズマテレビで、輸入品は安価な普及品という構造である。しかし近年はプラズマテレビなどの最新の製品も中国で生産が行われるばかりでなく、技術開発もマレーシアなどの東アジアで行うという計画が進行している。カラーテレビの場合は、国内生産での製品が限定され、日本企業が東アジアなどで生産した商品を輸入する形態に変化してきている。日本企業の逆輸入品は、東アジア諸国で生産した商品だけでなく、アメリカで生産した商品にも及んでいる。カラーテレビに限らず、多くの製品分野で日本企業の海外生産品が輸入される事態が進行している。

1960年代、70年代の日本貿易は、アメリカ市場への依存度が高く30％を超えていた。1990年代に入るとアメリカ市場への依存度は低下傾向を示すようになった。かつてアメリカとの貿易は、日本の大幅な輸出超過が日米貿易摩擦を引き起こした。日本は貿易摩擦の激化を契機として市場開放を促進し、さらにアメリカでの現地生産を飛躍的に拡大させたのである。

高度成長期および1970年代の日本貿易は、アメリカ、ヨーロッパに対して製品を輸出し、原材料および製品を輸入する構造であった。日本からの輸出品は、鉄鋼、精密機械、自動車、家庭電器、繊維品

などであり，アメリカ・ヨーロッパから航空機，機械，化学品，薬品，農産物などを輸入した。東アジア貿易は，日本からは製品を輸出し，食料・原料，繊維品，部品などを輸入する構造であった。ところが最近のアメリカ，ヨーロッパ，東アジア貿易は製品・部品を輸出し，製品・部品を輸入する構造に変わった。日本企業が，東アジアで生産した製品をアメリカ，ヨーロッパに輸出するという貿易形態も行われている。日本とアメリカ，ヨーロッパ，東アジア貿易は，一部日本企業を基軸とした製品間の貿易・国際分業ともいえる構造になっている。日本からは，アメリカ，ヨーロッパに高度技術集約型・高付加価値製品を輸出し，東アジア地域に高度技術集約型部品および高付加価値部品を輸出する。輸入は，アメリカ，ヨーロッパから航空機，自動車，薬品などの高度技術集約型・高付加価値製品を，東アジア地域から標準化された製品・普及品，安価な部品とともに一部で高付加価値・高度技術集約型製品という構造である。

　東アジア地域は，日本企業の進出による生産力発展だけでなく，日本の技術導入，援助，あるいは日本市場に依存するという構造になりつつある。それだけ東アジア地域は，日本との経済関係が強くなっていることを示している。こうした関係が形成されるようになったのは，日本企業によるアジア地域への援助，貿易，技術輸出さらには企業進出による棲み分け的政策が進行したからである。アジア地域でも日本との関係が少ない地域では，経済発展，国際的分業関係の形成も未成熟な状況になっており，とくに南アジア地域に顕著である。日本との経済的関係の深化は，東アジア地域での経済発展を可能にさせたことから，近年ベトナム，カンボジア，バングラデシュなども日本との経済関係を密接にする政策を追求してきている。またインドも外国資本，技術の導入を拡大する政策に転換している。アジア地域は，従来の「民族主義的・自立的国民経済建設」

を事実上放棄して,先進資本主義諸国との経済的関係を深めようとしているのである。

　EU 諸国も,アジアとの経済的連携を強める政策を追求している。EU は中国への直接投資を拡大しているし,ASEAN の会議にも積極的に参加している。東アジアはアメリカ,EU そして日本企業による市場争奪,直接投資地域としての位置づけがますます増大しており,中国の影響力も増大する構図が強まっている。

　アジア地域が日本との経済関係を深めれば深めるほど,アメリカの世界経済における地位が後退することにつながる。そこでアメリカは,APEC にも積極的に参加するようになった。アメリカは,アジア地域への中国の影響力を小さくするために,ASEAN 地域への企業進出を拡大する方向を示している。アメリカの対アジア政策は,中国だけでなく EU 諸国のアジア進出を牽制するものであり,同時に日本のアジア地域での影響力を小さくする目的がある。アメリカのアジアでの影響力の保持は,覇権の維持が継続していくことである。

　日本は1990年代になって経済成長が停滞し,国内市場の拡大も止まっている。こうしたなかで日本の輸出拡大は,アメリカおよびアジアの経済成長に依存しているのであり,さらに海外進出した日本企業に依存しているのであった。『ジェトロ貿易・投資白書　2003年』によれば,日本企業の海外生産によって製品・部品が日本に輸入されるのが 6 兆円程度,逆に日本企業向けの輸出が13兆円となっている。日本の不況を悪化させず,低いながら経済成長を達成している要因の一つは,輸出の拡大にある。日本の輸出は,中国を含む東アジア地域での生産力および海外現地生産を行っている日本企業向けの比重が大きい。東アジア地域はいまや安定的な輸出市場となっている。2000年以降,日本の生産力は,まさに輸出の安定によってもたらされていることになる。

8-4 直接投資の拡大と経済圏形成

8-4-1 直接投資の現状

　日本企業の海外生産額は，1995年に日本の商品輸出額を越えるようになった。1980年代の日本貿易は金額的に拡大し続けたが，数量的には微増にとどまってきた。それが1993年から輸出，輸入とも数量的な増加が続いた。輸入品は，家庭電器製品，半導体，自動車関連品，繊維製品などであり，いずれも日本で生産しうるものである。こうした商品の輸入増加が1980年代後半から加速化してきている。これらの商品のうちの多くは，日本企業が外国で生産したものである。とりわけ日本企業の東アジア地域での生産の一部は，日本への逆輸入という形態をとっているのである。輸出の増大も日本企業の海外展開との関連が強い。たとえば自動車生産は，アメリカ，ヨーロッパ，台湾，タイ，中国，インドなどで行われている。アジア地域での自動車生産の増大は，生産設備，関連部品の輸出を拡大している。家庭電器製品あるいはパソコンなども韓国，台湾，中国，マレーシアなどで生産した製品が日本に輸入されている。こうした地域での生産は，日本からあるいは東アジア地域の生産拠点から部品が調達される構造になっている。いわば日本企業の海外展開は，日本を生産拠点として展開するだけでなく，アジア，アメリカ，場合によってはヨーロッパの生産拠点を基軸にして，数ヵ国で部品および完成品を生産し，さらに現地で販売するかあるいは先進国市場へ輸出するという形態である。すなわち日本企業の直接投資とりわけ多国籍企業的展開は，東アジア地域を基軸にして，アメリカ，ヨーロッパに展開するという形態である。

　日本の直接投資は1980年代に入ってから本格的に増大した。日本企業の海外展開あるいは多国籍企業化は，まさに1980年代から始

まったといえる。日本企業の直接投資は、1980年代はアメリカ、香港およびインドネシアなど一部の国・地域であったが、1990年代になるとアメリカ、ヨーロッパ、東アジアなどに集中するようになった。日本企業の海外展開は、アメリカ、ヨーロッパなどの先進国とASEAN、中国などの東アジア地域に2分されるようになっているのである。日本企業は、1970年代から1980年代の初めまで韓国を主要な投資地域としてきたが、1980年代後半から韓国への投資額が減少した。韓国の低賃金労働力の利用を目的とした投資は1970年代までであり、その後は韓国を除く東アジア地域にシフトしていったのである。日本企業の海外進出は、業種別では1970年代と80年代初めまでが鉄鋼、石油化学、アルミニウムなどの素材産業と繊維などに代表されるような労働集約的な製品が大量を占めていた。1980年代後半からは電機・電器、自動車などのいわゆる高付加価値・技術集約型産業の海外進出が増大する。また電機・電器、自動車などの製造業だけでなく、銀行、証券などの金融、不動産業などの海外進出も増大していく。いわば1980年代から本格化した日本企業の海外進出は、日本経済の構造転換を迫る契機となっただけでなく、経済成長の停滞もしくは低下を引き起こす要因ともなったのである。低成長・停滞化の現象が続く日本経済の行き先は、さらなる経済の国際化であり、市場開放、規制緩和などの諸措置としてあらわれる。こうした施策は経済成長を促すのではなく、日本企業の海外進出を一層拡大することを目的として行われた。

　日本企業によるアジアでの直接投資、現地生産の拡大は、国際的分業関係・貿易構造の転換となった。それは東アジアにとって日本を頂点とした国際的分業関係形成に巻き込まれる過程であった。しかし中国の生産力発展はアジアの国際分業関係の基軸を変化させることになった。日本と中国の関係は、中国が日本の最大輸出国となり、最大輸入国となった。中国は「世界の工場」としてアメリカ、

日本，EU の企業の生産拠点として部品・製品供給地として重要な地位を占めるようになった。いわば中国の台頭は，アジアにおける日本の市場支配を困難にする状況をつくりだしているのである。それは同時に，日本・円の国際化あるいは国際通貨化を阻止することであった。一時期日本・円は，アジア地域での円建取引が増加し，ドルに替わる国際通貨としての地位の向上が見られた。また日本の世界市場への与信も増大し，まさにドルに対抗する通貨として円が流通しているかのようであった。日本の生産力停滞，直接投資の停滞，金融システムの動揺などの現象は，円の国際通貨としての機能の限界を示したのである。むしろ今日の日本・円の現象は，アジア地域という限定されたローカルカレンシーへの道を歩んでいるのである。

8-4-2　海外生産の目的

　日本企業による海外直接投資の拡大は，貿易構造の変化をもたらした大きな要因である。日本企業が海外生産を行う要因は次の四つにある。

　第1は，コストの側面である。コストは，労賃，原材料価格，エネルギー価格，土地・建物価格などであり，国・地域によってコスト要因が異なっている。

　第2は，市場の問題である。生産した商品が現地で販売できるかどうかである。市場の大きさからいえば，当然アメリカ，ヨーロッパがアジアの市場よりも大きい。

　第3は，先進国市場への進出は，被投資国の企業よりも技術的に優位でなければならないことである。

　第4に，進出企業は，自己資金での調達あるいは国際金融市場での資金調達能力が大きいことである。

　日本企業のアジア地域での生産は，コストを優先する場合と現地

市場の拡大, さらに先進国あるいは本国への部品・製品供給地として位置づける場合とがある。日本企業がアジアでの現地生産を可能にしたのは, 一定の条件が整備されていたからであった。それは, 道路, 鉄道, 港湾, 用水, 電力などのいわゆるインフラストラクチャーが整備されていることであり, 豊富で安価な労働力が存在していること, 政治体制が安定していること, 外国企業を積極的に受け入れていること, 長期にわたる経済成長によって所得が上昇し, 市場規模が拡大したことである。東アジアのインフラの整備に関しては, 日本の ODA などを通じて進んでいった。東アジア諸国・地域は, 政治体制においてアフリカ, ラテン・アメリカに比べれば相対的に安定している。1970年代, 80年代まで多くの東アジア諸国は, 軍事政権のもとにあり,「政情は安定」していた。また1965年から本格的な戦争状態に入ったベトナムの状況から, アジア地域の社会主義化を阻止するために, アメリカ, 日本は政権へのテコ入れ, 援助の拡大を図ったのであった。アジアでの外国企業の受け入れは, ASEAN 地域あるいは最近では中国も積極政策を展開している。こうして東アジアは, 日本, アメリカ, ヨーロッパ企業, 最近では韓国企業が進出を拡大しうる環境が整備されていった。

　日本企業の海外生産の要因は, 東アジアと先進国とで異なっている。東アジア地域では, 日本を基軸とした国際的分業関係の形成を目的として展開している。こうした日本企業の海外生産の拡大が, 国内生産の停滞いわゆる産業の「空洞化」現象を生むことになった。最近の日本企業の投資状況をみれば, 海外進出している企業は, 国内投資よりも国外投資のほうに比重を移している。今日, 海外生産の比重のほうが大きい企業は, トヨタ自動車, ホンダ, 松下電器, ソニーなど日本経済の基幹企業となっている。とくに東アジア諸国における日本・アメリカ系企業の輸出シェアは30％を超えている。中国での外資系企業の工業生産額は, 中国全体の約30％であり, 輸

出に占めるシェアが60％を超えた。東アジアおよび中国は、外資系企業への資本・技術依存だけでなく、外国市場への依存が強くなっていることを示している。東アジア、中国での外資系企業とくに日本企業の生産拡大は、日本からの原料・素材、部品あるいは機械輸出を増大させることになる。この面からすれば、海外生産の増大は日本経済の輸出依存を強める効果をもっている。

日本・中国間の貿易は、21世紀になってからも拡大し、日本にとって中国がアメリカを抜いて最大の輸入国となった。中国からの輸入拡大は、ASEAN諸国からの輸入の相対的減少を意味しており、日本、ASEAN、中国の間の国際分業関係の変動が続いていることを意味している。

8-4-3 海外生産の今後の動向

日本企業の海外生産の増大傾向は、今後の日本企業の動向を左右することになる。東アジア諸国の外資導入政策は、インドネシア、タイなどで今後も継続していくであろうし、ベトナム、ミャンマー、ラオス、カンボジアなどでも外資優遇政策を講じることになる。さらに中国は東アジアとのFTA締結交渉に示されるように、一層の開放政策、外資導入の拡大、中国企業の海外進出促進などの政策を追求する。鎖国状態にあった北朝鮮でさえ、豆満江開発あるいは韓国と共同での開城工業地域開発など、外資導入政策を経済発展の重要な要素として位置づけている。このように東アジア諸国・地域の日本企業の誘致政策の展開は、日本のODA供与とあいまって、日本企業の進出可能性を大きなものにしている。東アジア地域の経済発展は、生産基盤の整備をはじめとして労働力の質的向上、あるいは市場規模の拡大を意味しているし、日本企業に市場を安定的に確保することにもつながる。また日本企業による安価な製品生産は、東アジア諸国・地域が日本市場だけでなくアメリカ、ヨーロッパへ

の輸出基地として位置づけられつつあることを意味している。したがって東アジア諸国・地域では日本企業だけでなく，アメリカ，ヨーロッパ企業の進出も増大する傾向にある。

　日本企業あるいはアメリカ，ヨーロッパ企業による現地生産の拡大は，ASEAN 諸国の経済構造を大きく転換させることになった。アメリカ，ヨーロッパ，日本の進出企業は，ASEAN を単なる市場拡大目的だけでなく，アメリカ，ヨーロッパあるいは日本市場への輸出拡大も目的としている。ASEAN 諸国での製品生産は，必ずしも原料から部品・完成品までといった生産体系の構築を目的としているのではない。ASEAN は，部品の一部あるいはアッセンブリーのみといった部分加工・組み立て生産基地としての位置づけも与えられている。ASEAN は，いわば先進国企業の下請け的生産体制をとらざるをえなくなっているのである。こうした生産体制は，ASEAN 地域全体の国際分業を形成し，それぞれの国に，アメリカ，ヨーロッパあるいは日本企業のまさに国際分業の一部を担うにすぎない状況が形成される。多国籍企業による ASEAN 諸国間の国際分業関係形成は，国内での原料から完成品までという自国の生産体制・国民経済の自立性の確保という点からすれば，つねに脆弱な構造を強いられることになる。ASEAN 諸国では，国民経済における主要な経済政策が，外国企業によって規制され，原料，部品を含む一部製品の生産という不均衡な発展を余儀なくされている。

　ASEAN 諸国と同様に中国は，アメリカ，EU，日本さらには香港などの華僑・華人系資本の投資によって生産が拡大している。中国投資においてアメリカ，EU 企業は，日本企業よりも出資額が大きい。アメリカの市場拡大政策は，中国市場をアジア支配の重要な位置にあるものとしているからである。日本企業の中国進出はこうしたアメリカ戦略の後追いのような内容である。1980年代から本格化した日本企業の海外進出は，多国籍企業的展開であり，生産，販

売,研究開発まで含んだグローバル展開を目指している。このことは,日本企業だけでなくアメリカ,ヨーロッパ企業も同様であり,多国籍企業による世界支配の競争が激化していることを示している。中国市場は,まさにアメリカ,ヨーロッパ,日本の多国籍企業展開の主戦場となりつつある,という状況である。

8-4-4　日本企業の多国籍企業化と技術移転

　多国籍企業は,世界支配を確立するために各国企業との資本・技術・販売提携などを行い,さらに国内での外資導入の規制を,国外での外資規制の緩和・市場開放を要求している。21世紀の世界経済は,多国籍企業による市場,生産,技術,価格の支配が浸透し,グローバル経済といわれるようになった。グローバル化の展開によって,多国籍企業の母国および進出した地域では,生産構造の転換が図られることになるし,労働力配置の再編も行われることになる。日本企業にとっても21世紀の世界経済を見据えての国際的な生産配置,市場の獲得が今日的課題となっている。日本企業の国際的展開のための社会基盤の形成を目的とした援助は,バラ撒き型ODAから,実効性のある,すなわち市場の獲得,企業進出を促す経済的実質をともなうODAへの転換を要請する。また内戦・紛争処理のために,PKOから進んでPKFあるいは国連軍への参加などの国際的貢献も課題となっている。アメリカによるイラク戦争への自衛隊派遣は,戦闘をともなわない事実上の「参戦」であった。イラクへの自衛隊派遣の意義は,今後,「紛争」解決,あるいは国連決議などを御旗にしての軍事力拡大への道を開いたことである。

　多国籍企業の拡大は一定の技術進歩をともなってきた。とりわけ先進国への進出は,被進出国の企業よりも技術水準が上回っていなければならない。したがって多国籍企業は絶えざる技術進歩が必要であった。多国籍企業は世界市場での独占あるいは寡占が確立すれ

ば,絶えざる技術進歩が必要でなくなる。なぜなら多国籍企業による市場の独占・占有は,競争企業が存在しないことを意味するからである。競争企業が誕生しないかぎり多国籍企業の市場支配は続くことになる。

一般的に,技術進歩は生産力発展に寄与する。生産力発展は,市場における商品量の増大,商品種類の増大,新しい商品の生産,商品の改良などをともなっている。さらに技術進歩は,単位商品当たりの労働時間の短縮あるいは労働の節約となる。企業の総稼働時間が変わらないとすれば,単位商品当たりの労働時間の短縮は,総生産物の増大となる。したがって技術進歩は生産力発展となるのである。技術進歩は生産力の発展だけでなく資本の節約をともなう。技術進歩は,生産規模の拡大,生産量の増大をもたらす可能性をもっている。新たな投資を行わずに生産規模,生産量の増大が図れれば企業にとっては資本の節約となる。また技術進歩によってコストの低下が可能になれば,企業の取得できる利潤量が増大する。技術進歩は直接的生産にだけ効果があるのでなく,生産管理,流通,消費形態にも影響する。技術進歩が情報手段を通じて広く知れ渡ることは消費の拡大につながる。企業にとって技術進歩は,労働の節約,資本の節約,生産力の増大,さらに利潤量の増大につながる。したがって企業は,絶えざる技術革新を追求することになる。

技術進歩の目的は,第1に,生産力増大である。生産力の増大は,労働時間の延長,労働強度の増大によっても行われる。しかし,労働時間の延長,労働強度の増大は,労働力に対して行われる政策であり,絶対的な限界をもっている。人間は1日24時間以上労働することはできないし,食事,睡眠,休養をとらなければならない。したがって新機械の採用・新生産方法の開発などの技術進歩のほうが効果が大きいのである。第2に,労働者がもっている労働能力は,教育,訓練,あるいは経験によって高めることができる。労働者が

保持する「技術」「技能」「技巧」「熟練」(technology, skill) などである。労働者が保持する技術・技能・熟練は労働者個人に属するのであり，個別的である。このような技術は伝播することもあれば，廃ることもある。労働者個人の技術は，「技巧」でもあり，必ずしも発展するとはかぎらない。すなわち，労働者個人の保有する技術は，たとえ生産力増大に寄与したとしても一般的・社会的な基準とならない。第3に，労働時間，労働強度の増大は絶対的な限界をもっているとすれば，商品生産量の増大，あるいは多様な商品の生産のためには，機械に依存しなければならない。それは機械の改良あるいは新機械の発明である。新機械の発明・改良は生産システムの変更であり，労働システムの変更を含むものである。したがって新機械の発明・改良は技術発展であり，同時に商品生産量の増大であり，新しい商品の誕生となる。

技術進歩は企業の競争力を高めるとともに，直接投資によって他国に移転する。技術移転 (technology transfer) による技術導入をはかった国民経済は，次のような効果をもつ。

第1に，新しい技術の導入は生産力の発展に寄与する。それは技術導入が既存の技術の更新であり，生産システムおよび労働システムの変更であるからである。

第2に，技術導入は新しい産業を育成する。新しい産業の育成は，生産設備の更新と新規工場の設立を促す。また新規技術の導入によって，新商品の誕生に寄与する。

第3に，技術導入は単位商品当たりの労働時間の短縮となるとともに，生産量の増大となる。技術導入によって1単位当たりの商品価値の低下をもたらす。

第4に，技術導入は既存の生産設備の陳腐化を促進し，一部の産業，企業の衰退をもたらす。技術導入は産業間・企業間の不均衡発展をもたらすが，同時に企業間・産業間の連携をもたらす。

第5に，技術導入によって競争力が上昇し，世界市場に進出する可能性をもたらす。

　第6に，技術導入にともなって労働力の再配備および再教育の必要性が増す。技術導入は労働力の削減と他方で新技術に対応できる労働力の需要増大をもたらすからである。

　第7に，技術移転は，貿易，資本移動，労働力移動，援助などの国際経済的な諸契機の進展とともに拡大する傾向がある。

　第8に，技術移転が先進国および発展途上国のすべてで行われるようになれば生産力の平準化がありうる。現実には技術導入が進む国と行われない国の2極化が進行している。したがって技術移転は各国間の生産力格差を拡大する傾向をもっている。

　第9に，外国からの技術導入に依存する体制となれば，自国での自主技術開発が停滞することになる。

　技術移転は特許，商標，ライセンス，生産仕様書，機械工場設備，マーケティングシステムなどであり，技術者によっても移転する。現在の技術移転の主体は多国籍企業である。多国籍企業の世界的な生産配置によって技術移転が行われるが，多国籍企業はすべての国に進出するのではない。多国籍企業は，直接投資のさいアジア，ラテン・アメリカ，アフリカ，中東地域において差別・選別政策を行っている。多国籍企業の進出地域とくに東アジアでは，技術導入が拡大している。

　多国籍企業による技術移転は，一部の先進国および発展途上国の生産力発展を促すが，他方で本国での技術開発の停滞をまねく可能性ももっている。多国籍企業の進出国は必ずしも最新の技術を要求しないばかりか，先進国の旧技術水準でも進出が可能だからである。また多国籍企業による技術移転は，世界市場における技術支配，技術独占を可能にする。技術支配は技術発展・開発を停滞させることになる。多国籍企業による世界的な生産配置・技術移転が行われる

ならば，技術の世界的な平準化傾向，および生産力の平準化傾向をもたらすが，現実に多国籍企業は被進出国を差別化政策によって選別している。多国籍企業による生産移転は，技術だけでなく，労働力移動をもたらす。労働力は生産技術だけでなく，経営管理，生産管理，労務管理などの管理技術の移転をともなう。

多国籍企業の海外進出に対応して技術貿易が拡大している。第二次世界大戦後の日本は，外国から技術を導入し，それを独自に応用していくことによって国際的競争力を増大してきた。鉄鋼，電機・電器・電子，自動車，精密機器，化学など日本の主要産業は，いずれも外国技術の導入・応用によって生産を拡大してきたのである。しかし外国技術の導入と外国への技術輸出は，1990年代になってから逆転する。技術貿易は，1990年代になって支払いよりも受け取りのほうが大きくなった。とくに技術輸出が増大している産業部門は，家庭電器，自動車である。これら部門の技術輸出の増大は，日本企業の海外生産の増大と密接に関連している。日本企業の技術輸出は，西アジアを除くアジアと北アメリカに集中している。さらに最近ではヨーロッパへの技術輸出も増大傾向にある。これらの地域はいずれも日本企業の現地生産の拡大に対応している。いわば日本の技術輸出は，日本企業の現地生産の拡大にともなって増大しているのである。技術輸出の増大あるいは企業の海外生産の拡大は，先進諸国では技術優位のもとに行われるのであるが，同時に移転した技術の保護・管理も必要とする。こうした要請に応えるべくWTOは，知的所有権の保護を加盟国に要請している。とくにアメリカは，IT産業をはじめとした情報産業部門で技術優位にあり，新技術開発を行って世界市場支配の体制を築いてきた。しかしアメリカ企業は，近年，新技術の開発が困難になっているだけでなく，日本やヨーロッパ諸国の追い上げにあって世界市場を支配することすら困難になっている。そこでアメリカおよび多国籍企業は，WTOを通じて

技術などの知的所有権の確保を各国に義務づけることによって，技術優位の状況を維持していこうとする戦略をとっている。

8-5 労働力移動の現状

　外国で働く目的は，低賃金国から高賃金国への賃金格差によるもの，失業者が就労のためのもの，季節的な出稼ぎや農業などの契約労働，などがあげられる。近年はIT技術者などの高度技術を有している労働者の移住も拡大している。日本からの労働力移動は，直接投資，貿易拡大などにともなう現象である。その他，公務労働，報道，教育などの労働移動，芸能・音楽などの興行・芸術などによる移動も増大している。外国で働く期間は，短期の契約労働，長期の労働，永住などのほかに，不法就労者として期間を特定しない労働移動も行われている。また労働を目的としない留学，就学，研究などによる移動も行われている。

　国際的な労働移動が増大した背景は，貿易，直接投資，援助などの国際経済関係の深化，交通網の整備（海上，陸上，空路など），交通・移動手段の発展（自動車，船舶，航空機など），情報網の発達（電話，インターネットなどの通信網の拡充）がある。地球の反対側の国には，航空機で24時間以内に到着することが可能になった。とりわけ情報網の発達は，就労場所，就労条件などを共有することができ，移住に関する選択情報を提供することになる。

　外国で働く意義に関して，たとえば新古典派経済学理論は，第1に，移民によって労働者の生産費の節約（労働年齢に達するまで本国で教育を受けることが条件）が可能になること，第2に，労働者受け入れための社会的コストの低下（受け入れ労働者に対する教育，医療などを提供しなくてもよく，病気あるいは労働年齢を過ぎたならば本国に送り返すことにより，年金，医療費などの社会的コスト

の削減が可能)に結びつくこと,第3に,景気循環のクッションとなる(景気拡大時には受け入れ,後退時には送り返すことが可能になる),としている。また新古典派経済学の労働力移動論は,国内で調達できない技術者を受け入れることが可能である。市場の自由化が達成されるならば,労働者は自由に外国への移住が可能になり,経済的効果が大きい。さらに労働力移動が自由になれば,各国の賃金は平準化する傾向をもつ。なぜなら労働者は高い賃金国に移動するだけでなく,送り出し国の方も労働力不足を解消するために賃金を引き上げるからである。高賃金は他の労働者に波及して,全体的に賃金を平準化する傾向をもつ,と論じる。

現実の労働力移動は,新古典派経済学が主張するような各国による賃金の平準化傾向は見られない。むしろ各国の賃金格差は拡大傾向にある。また外国で働く労働者は,一度本国を離れると容易に戻ることはできない。それは本国との賃金格差の存在,働く場所が少ない,さらに家族によっては子供が母国語を話すことができない,生活習慣が異なっている,などの要因があるからである。実際,発展途上諸国から先進国に移住した労働者の多くは,本国に戻ることがない状況となっている。むしろ受け入れる先進国は,送り出し国の習慣,宗教,言語などの教育・社会整備が必要になり,結果として社会的コストが増大する現象がみられる。

労働力移動は,アメリカ,カナダ,オーストラリアなどの移民国家に向かって永住権を得るための移住,家族の呼び寄せ,期限付き・季節的などの契約労働,IT産業などの高度専門技術者の移動,就労ビザをもたない不法就労,亡命あるいは難民などの移住として生じている。永住権を得るための移住を除いて,労働力移動は一般に低所得国から高所得国へ行われる。契約労働あるいは出稼ぎ労働という言葉に示されるように,労働力移動は元の国に戻ることを基本としている。労働力移動のためには,移住国の言語,習慣,生活

様式などの習得が必要である。まして永住するためには移住国の生活・文化から法律知識も習得しなければならない。したがって労働者は移住しても本国への帰還を望んでいるのである。

労働力移動の最も過酷な形態である難民は、アフリカ、アジア、中央アジア、中東などで発生し、世界では2000万人ほどになっている。

ITなどの高度技術者を除いて、移住者は低所得国から高所得国へ移動する。とくにアメリカはラティーノに代表される「不法就労者」が多数存在している。これらの「不法就労者」は、低賃金労働を支えているばかりでなく、季節的な農業労働者としてアメリカ農業の競争力を維持している。第二次世界大戦後、ヨーロッパには大量の外国人労働者が流入した。そこで今日、ヨーロッパにおける外国人労働者の存在は、深刻な経済・社会・政治問題となったのである。ドイツ、オランダ、フランスなどでは一部の右派勢力が外国人労働者排斥運動を行っている。とくにフランスでは外国人労働者対策として若年者の雇用を制限する労働法の改正を行おうとしたが、多くの労働者の反対にあい法案を撤回する事態も生じた。

かつて日本の労働力移動は、アメリカ、ハワイ、ブラジル、ペルーなどへの移民と、満州、朝鮮、台湾、南サハリンなどの旧植民地への移住などを典型とした。しかし今日の労働力移動は、第二次世界大戦前と大きく変わった。日本企業の国際化の進展は、労働力の国際的移動の面にもあらわれたのである。2000年に日本人の海外在住者は、80万人を超えた。このうち永住権を得て海外で生活している人は、約27万人で大きな変動はないが、長期滞在者は、1980年代以降急速に増大している。永住者と長期滞在者の比率は1985年にほぼ同じ人数であったのが、その後は長期滞在者の増大が著しく2000年に長期滞在者66％、永住者34％となっている。1980年代以降日本人の海外在住者の増大は、長期滞在者の急速な増大によるもの

である。長期滞在者は民間企業での従事，留学生・研究者，および政府などの公的機関への従事などである。民間企業に従事するものの長期滞在は，企業による現地生産の拡大，技術輸出の拡大などのほかに，ヨーロッパ，アメリカなどでの生産・技術・販売などの情報収集を目的とした滞在，さらに製造業だけでなく，銀行，保険，証券，不動産，サービスなどの各産業が外国に現地法人を設置したり，海外支店，海外駐在員事務所を設置したりすることにともなって，海外在住を余儀なくされているのである。こうした労働力移動は，企業による半ば強制された移住ということになる。また政府などの公的機関従事者の海外在住は，日本企業あるいは留学生・研究者などの日本人の現地生活者の増大，観光客などの増大，さらにはODAをはじめとする援助の増大などによって増加傾向にある。

外国人労働者の日本国内での就労は，1980年代後半から急速に増大した。日本政府はいわゆる単純労働者の日本での就労を認めていないのであるが，現実には「不法就労」という形態での外国人労働者が増加傾向にある。「不法就労」の外国人労働者は，一般に日本人労働者よりも賃金は低く，また危険性をともなうなど労働条件も悪い。一般の外国人と区別して一時期「日系」ブラジル人，ペルー人などは，自動車，家庭電器産業などを中心に大量に雇用された。1990年代に入ってからの日本の長期不況は，「日系」の外国人労働者雇用を減少させている。日系人でも外国人労働者の雇用は，低賃金であり，労働条件も悪く，さらに景気動向に応じて雇用を調整できるのである。

日系人に代わって低賃金労働を支えているのが外国人研修生・実習生である。外国人研修生は10年間で2倍に増加し，2006年9万3000人が就労している。外国人研修生は労働基準法に規程がなく，したがって労働基準法・最低賃金法も適用されないために低賃金での採用を可能にしている。外国人研修生は日本人の最低賃金以下で

就労し，日本企業のコスト低下に寄与している。また外国人研修生は，日本人が就労を拒否する職場での就労も多く，いまや生産，流通の部門での重要な担い手になっている。外国人研修生を採用する企業は，国際競争を勝ち抜くため，国内産業を維持するためなどの理由を掲げ，この制度の維持あるいは拡張を図ろうとしている。しかし多くの外国人研修生の労働実態は，低賃金・長時間労働を強いられているのである。外国人研修生に対して日本人並みの賃金，労働条件を与えることが採用にあたっての企業の基本的姿勢でなければならない。

 外国人就労に関しては，看護師など一定の資格を有した労働者の入国を認める方向にある。日本の高齢化社会の進行のなかで介護労働者の不足が顕著になってきている。そこでフィリピン，インドネシアなどから看護師の移民を認可し，労働力不足を補う政策である。

 国内においては，フリーター，ニートあるいは契約・アルバイト労働者が増大している。不安定就業者が拡大するなかで，安価な外国人労働者の移民を必要とする産業・企業が存在している。またIT技術者などの高度な技術を要した労働者の不足も顕著になっている。日本は安価な労働力の不足と高度技術者の不足という両面があり，それを外国人労働者で補うという施策である。日本は21世紀の後半には大幅な人口減少が見込まれている。そうなるとますます低賃金，単純労働者の不足は，顕著になり，外国人労働者への依存を強めることになる。外国人労働者の就労は，外国人に対して日本人並みの賃金，労働条件を保証する経済的仕組みと法体系の整備を行ってから，具体的な方向性を定めることが必要である。

8-6　ODAの方向性

 経済援助は公的，民間で行われる。公的援助は政府および政府機

関，地方政府が行い，民間は企業，団体，個人によって行われる。公的援助のうち贈与，技術援助，長期・低利の援助をODA（Official Development Assistance：政府開発援助）と呼んでいる。日本のODAは贈与（技術援助）をJICAが，借款を国際協力銀行が行っている。援助の供与国は2国間協定にもとづくものと，多数国への援助を目的とした多国間援助がある。多国間援助は，国連，UNICEF，UNHCR，IBRD，ADB（アジア開発銀行）などへの拠出である。2国間援助は被援助国の要請にもとづくもので，贈与と借款がある。

　援助は第二次世界大戦後拡大した経済政策である。1968年の第2回UNCTADの総会で発展途上諸国から「援助も貿易も」という要求が出された。また国連では1960年「開発のための10年計画」が提起され，発展途上国の経済発展と市場拡大が課題となった。日本の本格的援助政策は，1970年代アジア向けに行われる。日本の援助は1980年代に世界最大の供与国になる。日本の援助は，当初アメリカの国際収支悪化にともなう肩代わり的な性格をもっていた。日本のアジアへの援助は「人づくり」政策の名目でインフラ整備に重点がおかれた。アジアへの援助拡大は，日本の市場を拡げることであり，同時に日本企業の海外進出を支援するためのものとなった。

　援助は発展途上国の経済発展の基礎を形成する側面をもっている。援助の経済的目的の第1は，援助国の輸出を奨励することである。かつてアメリカは日本にガリロア・エロア資金による援助を行った。日本はガリロア・エロア資金を用いて鉄鋼・石炭などの生産復興に用いたのである。アメリカの援助物資は小麦粉，脱脂粉乳などの余剰農産物であった。アメリカは，日本への援助を通じて余剰物資の輸出市場を確保したのであった。日本のアジアへの援助物資は農機具，農薬，化学肥料などの農業関連が多い。いずれの商品も日本農業の衰退のなか，日本の農業関連企業の生産維持を目的とした援助

物資となっている。また2国間援助がタイドローンとして行われれば，いわゆる「紐付き」となり，被援助国は，援助国の商品の輸入を余儀なくされる。第2の目的は，被援助国の経済・社会構造の転換を促進することである。穀物・食料品など援助物資は，被援助国の食生活の転換を促す。あるいはテレビなど文化的な要素をもつ社会基盤整備の援助は，被援助国の社会生活にも影響を与える。アメリカの一部の援助は，コーラとハンバーガーが代表するアメリカ文化の移植である。さらに援助物資の流通は，被援助国の商品経済化を促すことになる。商品経済化は大衆が現金収入を求めることとなり，賃労働者化の推進と都市への人口集中を促進する。第3の目的は，援助を通じて鉄道，道路，港湾，電力，ガス，上下水道，空港，通信などのインフラ整備である。援助は学校・教育，病院・医療などでも一定の整備がなされる。インフラの整備はやがて商品市場が拡大することであり，直接投資による現地生産を可能にする。

　アメリカは，ODAなどの援助供与国として世界最大の国であるが，ドル危機およびベトナム戦争の終結を契機として日本やヨーロッパに肩代わりさせる戦略を行ってきた。日本やヨーロッパ諸国の資金供与の実質は，アメリカの世界戦略に荷担する内容であった。日本経済の国際化の進展は，ODAをはじめとする援助の拡大とも密接に関連している。日本はODA供与国として今日でも世界有数の国である。1980年代までの日本のODAは，無償供与よりも借款のほうが多く，援助とは名ばかりの「高利貸し国」との批判が，発展途上国や欧米諸国から浴びせられた。日本のプロジェクト援助を主体とする多国間援助あるいは贈与は，日本の輸出市場確保と企業進出を増加させたからである。日本の援助に対する欧米の批判は，日本の援助政策を変えたのであった。1992年の「湾岸戦争」は，国連の決議を受けたが実質的にはアメリカの戦争であった。日本はこの「湾岸戦争」時に「多国籍軍」と称したアメリカ主体の軍事行動

に多額の分担金の支払いを行った。2005年にはイラクによる債務不履行のための援助が行われたが、アメリカによる戦争を容認した結果である。さらに欧米諸国による日本のODAの内容に対する批判から、1990年代に入ると無償供与の比率が増大していく。かつての日本の援助は、タイドローン・借款を主体としていた。無償供与の増大と多国間援助の増大は、日本の援助政策の内容転換をはからねば国際社会での日本の地位を低くする危険性があったことからである。とくに日本政府は、国連安全保障理事会での常任理事国への昇格を課題として掲げている。常任理事国への昇格は、まさに日本経済の国際化の頂点に達する内容をもっている。日本経済の国際化には、貿易の拡大、企業による海外生産の拡大、円の国際通貨化などの現象とともにそれを支える援助あるいは人的配置などの実質化が求められているのである。

　日本は近年、財政事情の逼迫化によりODAの削減を余儀なくされている。そこで日本政府はODAを日本経済の復興と結びつくような内容に転換しようとしている。それは再び多国間援助から2国間援助への移行であり、プロジェクト援助の拡大などである。いわばODAの実行に当たっては日本企業が受注しやすい環境を形成していくとともに、被援助国の選別化・差別化を徹底していく政策である。

8-7　世界経済における日本の位置

　日本経済・日本企業の海外進出は、1980年代以降加速度的に進展している。いまや日本企業の海外進出は、日本経済の停滞をまねいている反面、東アジア地域の経済発展、国際分業の形成に重要な役割を果たすことにもなっている。こうした日本経済・日本企業の海外展開が今後も拡大するならば、やがてかつての19世紀のイギリス、

20世紀のアメリカのように世界の経済を支配する状況になり，アジアの盟主あるいは「覇権」国への可能性をもつ。しかし日本は世界をリードするあるいは覇権国となる必要がない。むしろ日本の生産技術や生産システムを発展途上諸国，とくに中国，韓国をはじめとした東アジアなどに移転することによって，発展途上諸国の諸問題，たとえば経済発展による貧困の解消，紛争などを解決する方向性を提供していく必要がある。

「共生」という言葉に示されるように，アジアをはじめとする発展途上諸国との共存，先進諸国との共存は，決して覇権を求めることではない。国際的貢献とは，諸国民経済と対等・平等・内政不干渉・平和・相互協力などの諸原則を徹底することであり，決して軍事的行使・圧力などをかけることでない。またWTOルールに関して日本は，農業など一部の分野を除いて全面的に開放政策を受け入れることを表明している。しかしWTOルールの徹底は，既存の産業維持を困難にするばかりでなく，日本企業の海外進出を促進することにつながる。アジアとの共存を目指すならば，WTOルールの改変を求めていくことも今後の課題となる。なぜならばEU，アメリカにおける地域主義の台頭は，WTOルールに反する以上，日本を含むアジア地域がEU，アメリカに対抗する権利も与えられているはずだからである。日本はシンガポール，メキシコとの間でFTAを締結し発効させた。中国は日本との間でFTA締結の提案が出されている。アジア地域との共存の関係を深める手段としてFTA締結は，日本が今後選択する方向である。ただし農業あるいは地場・伝統産業など自由貿易になじまない産業分野に関しては，それぞれの国・地域の実情に応じた産業保護政策を追求していくことが必要である。

第9章　東アジア経済共同体と日本の対外政策

9-1　貿易の拡大と東アジア経済関係

　21世紀の世界貿易は，WTO システムの浸透のなかで地域主義・地域経済統合が進展している。地域経済統合が唯一進んでいない地域が東アジア（ASEAN 10ヵ国，中国，韓国，日本，台湾，香港）である（「東アジア」は『通商白書』が用いている地域すなわち中国，日本，アジア NIES，ASEAN であり，極東アジアの一部〔ロシア・シベリア地域，北朝鮮〕を含んでいない。東アジアは，かつて東アジア・東南アジアとした地域の総称である）。2005年の ASEAN 首脳会議では，インド，オーストラリア，ニュージーランドも含めた共同体構想が提起され「アジア共同体」という概念を用いている。「東アジア」地域は，アジアの国・地域によって異なる概念で使用されており，共通したものとなっていない。

　経済統合から取り残された地域として東アジアは，新たな経済システムの構築が要請されている。それは中国を含めた東アジア諸国が対等・平等，互恵，平和共存，内政不干渉，相互経済協力を推進するシステム構築の必要性である。東アジアは，いわゆる「東アジア経済共同体」ともいうべき地域統合の推進が課題となってきたのである。

　現在世界の貿易は，輸出入合計年間約20兆ドルの規模で行われている。このうちアメリカ，ヨーロッパ，日本などの先進国貿易が約70％を占めている。さらにアジア NIES，ASEAN，中国を含めると全体の80％を超える。貿易はいかに特定国に集中しているかを示している。

世界貿易は緩やかながら拡大傾向を続けているが，その担い手になっているのは，アジア諸国であり，とりわけ ASEAN，中国などの東アジア諸国・地域である。とくに1995年の WTO の発足は，これらの国・地域の貿易拡大を促すこととなった。WTO は，自由貿易の推進という資本主義国際経済関係の究極的なシステムを構築する指針である。日本政府は WTO システムに対して最も積極的に対応する政策を実施している。日本の政策は，日本企業の海外進出を促すばかりでなく，日本市場の開放を約束するものである。市場開放は日本から諸外国への輸出拡大だけでなく，諸外国に進出した日本企業が，アメリカ，ヨーロッパへの展開さらには日本市場への逆輸入までを目的としている。すなわち日本企業のグローバル展開のためには，世界各国の貿易障壁を取り除くことが必要なのであり，WTO の規約を十全に実行することが求められているのである。各国への市場開放要求は，同時に日本市場の開放も推進していくことになる。

　急速な経済発展が行われている東アジア諸国の国際経済関係は，次のような特徴をもっている。

　第1に，中国は21世紀に入ってからも高度成長を続けている。高度成長の要因は，設備投資の拡大，開放政策の一層の進展による外資導入および外国市場に依存する経済構造の形成にある。中国の経済発展・外資導入は，広東省，福建省，江蘇省，山東省，上海市などの沿海地域中心であり，電器・電子部品・製品，機械，繊維，鉄鋼など多岐にわたる生産システムの構築である。中国の GDP は2006年には2兆6668億ドルに達し，日本を除けばアジア最大の生産力をもつことになった。貿易の規模はすでに日本を凌駕し，貿易依存度も約65％と高くなっている。中国の輸出市場はアメリカ，日本，EU，東アジアであり，加工度の低い製品からいわゆるハイテク製品まで種類も豊富である。こうした経済成長を持続している中国は，

国有企業改革,地域間経済格差の増大,など多くの課題を抱えている。多くの課題を抱えながら中国は,長期間の経済成長を目指して,総体としてはさらなる外国技術・外国市場依存型経済を進めるとともに,一部の高所得層・地域への内需依存型経済という二重経済システムが形成されつつある。

　第2に,1997年の通貨危機以前の韓国は,素材産業から中間品さらに完成品までの製造業の国産化,および外資・外国技術に依存しない自主技術開発の自立的国民経済形成を目指したのである。それはいわゆるアメリカ,ヨーロッパ,日本のような先進資本主義型経済構造の構築であった。しかし韓国は1997年の通貨危機以降,以前の経済政策と同様に外資や外国市場依存の構造の再構築を余儀なくされる。それは総花的な産業構造から重点的・競争力維持型産業構造への転換である。今日の韓国産業の代表はITであり,自動車,船舶,家庭電器などである。いずれも国際競争力の高い産業となっている。これらの産業・企業は輸出だけでなく,海外直接投資を拡大し外国での生産も行われている。とくにIT,家庭電器などでは先進国への直接投資が拡大し,韓国企業は多国籍企業化への道も歩むようになってきている。たとえばサムソン電子は,2010年の売上高を日本円で11兆円の目標を立てるとともに海外生産の増大を発表している。あるいは現代自動車は国内生産と同時に海外生産の増大を計画している。とくに現代自動車をはじめとした自動車産業は生産が増大し,2005年に過去最高の生産量となっている。こうした韓国の特定産業,特定企業に集約される生産体制は,対外関係の拡大によってのみ可能なのである。韓国企業の対外進出は,安定した外国市場をもたないがゆえの経済危機回避策でもある。したがって韓国は,「国民経済完結型」経済構造から再び外資および貿易に依存した経済構造を構築しなければならなくなっている。すなわち内需拡大型経済から貿易・外国市場依存型経済構造への再編である。貿

易・外国市場依存型経済構造の構築過程は，同時に世界市場に進出しうるような巨大企業の存在と，他方で大・中企業の生産縮小，企業間の合併・吸収などの二極化傾向が顕著になっている。

　第3に，ASEAN 4（マレーシア，タイ，インドネシア，フィリピン）は，アジア通貨危機以降，域内貿易が増大している。日本，香港，台湾などの企業の進出は，ASEAN を中間財，完成品の産業集積地に変えてきた。また ASEAN は AFTA の形成にあらわれているように域内関税率の引き下げ，域内分業の推進策などを講じてきた。しかしアジア通貨危機以降は，インドネシアでスハルト政権の崩壊，フィリピンの政権交代などいわゆる「民主化」が進展するようになった。「民主化」は同時に国内市場開放政策ともなった。資本・技術を先進国に依存しなければ経済発展が不可能なような状況にあったからである。しかしマレーシアは通貨危機以降，外資流入規制をはかるようになった。通貨危機はアメリカの機関投資家を中心とした短期資金流入によって金融・株式市場が攪乱されたことによる，と判断したからである。マレーシアは ASEAN あるいは東アジア中心とした経済システムの構築の必要性を政策化することになった。通貨危機は ASEAN 4 諸国の対外政策の相違となったのである。共通項は ASEAN 域内での経済協力および東アジア地域との共通政策の追求であった。マレーシアを中心とした ASEAN による対外政策の共通化は，やがて中国との協調関係を形成することの課題へとつながる。ASEAN は開放政策を追求しながら同時に域内協力・東アジア共同化への道を進もうとしたのである。ASEAN の開放政策は，一面では先進国の経済動向に左右されやすい構造になった。アメリカ，日本との国際分業関係の形成は，完成品などの生産拠点として位置づけられたのである。このようにして ASEAN は開放政策の推進によって外資・外国技術依存型が強まるとともに，アメリカ，日本への市場依存も強くなり，さらに ASEAN 内部お

よび東アジアとの国際分業形成・市場依存型経済が確立しつつある。したがってASEANは，アメリカ，日本との経済関係を維持しながら，中国との貿易・投資関係の拡大をはかるという政策も追求しなければならなくなっている。

　第4に，以上のような特徴をもっている東アジア諸国・地域に対して，日本は，1990年代から長期不況が続いている。2000年代に入って経済成長が続いているが，成長率は極めて小さい。こうした経済状況のなかで1980年代後半から拡大傾向にあった直接投資と海外生産の増大は，21世紀になってからも海外生産・国際分業拡大型経済構造に一層進むことになってきている。

　日本はアメリカ，ヨーロッパのような地域経済統合を確立していないがゆえに，WTOに頼らざるをえないのである。また日本がAPECのような環太平洋経済圏，あるいは東アジア経済圏・東アジア共同体の形成を目指す背景には，安定市場の確保および日本を中心とした国際的分業体制の構築をはからねば，アメリカ，EUに対抗できないからである。さらに環日本海経済圏，環黄海経済圏などの国境を越えた地域経済圏建設は，いずれも日本の置かれた経済的地位を象徴するような構想である。日本経済は，アメリカ，ヨーロッパに対抗するための経済圏を形成することによって，地位保全と日本企業の海外進出・国際分業確立を推進する必要性があるからである。したがって日本経済は，一方でWTOの規約を遵守し，他方でアメリカ，ヨーロッパに対抗する経済圏の建設が課題となる。日本経済の長期不況・停滞は，国際経済関係の強化および転換を行わねばならない状況にあり，今日の東アジア政策として講じられているのである。

　東アジアは1970年代の韓国が資本主義経済発展の一つ典型を示したのであった。それは強力な国家・政府の経済政策が市場を整備し，企業の競争力強化を可能にしたのである。アジア型経済は国家・政

府の役割を重視し,その上で国際経済関係を拡大していく政策である。これまでのアジア経済は,市場重視,国家・政府の経済過程への関与を小さくする,という新古典派的経済政策に反する経済システムが形成されてきたのであった。

2003年末当時の小泉首相は,日本とASEANとの特別首脳会議で「東アジア共同体」の創設を提案した。首脳会議は「東アジア共同体」の創設を含む東京宣言を採択した。ASEAN首脳会議がASEAN諸国以外で開かれたのは東京が初めてであり,日本がイニシアティブをとって開催するのも初めてである。日本はこの会議でASEANの基本条約である「東南アジア友好協力条約(TAC)」への加盟を表明し,さらに「東アジア共同体」構想を提起したのである。「東アジア共同体」は,ASEAN 10ヵ国と日本,中国,韓国の地域連携を目標としたものである。しかし東アジア諸国は,カンボジア,ラオス,ベトナム,インドネシアのように製造業の発展が相対的に遅れ,国民所得も小さい国と,韓国,台湾,シンガポール,日本のように経済発展が進行し国民所得も高い国・地域がある。したがって東アジア経済といっても一括りにはできない状況がある。

日本の経済政策の基本は,IMF体制の崩壊やドル安・円高への移行や2度にわたる石油ショックを通じて,産業構造の転換を促し,日本企業の海外展開を拡大していくことであった。他方,韓国の1960年代の経済発展は,外資・外国技術依存型であったが,やがて国内企業による技術・資本自立型経済構造を確立していく。しかし韓国は1997年のアジア通貨危機以降,市場開放,外資・外国技術の積極的導入型への転換を余儀なくされる。またアジア通貨危機は,マレーシア,タイ,インドネシアをはじめとしたASEAN諸国・地域は,地域間経済協力を一層推進しなければ,自立的な国民経済形成が困難になったのである。

アジア諸国による経済協力を目指した政策が進展するなかで,EU,

アメリカなどは，WTO システムを受け入れながら，同時に地域経済圏を建設するという二面的な政策が進行している。こうした政策は，WTO の目的に反することである。EU，アメリカの政策が象徴するように，アジアを除く世界の貿易体制は WTO を発足させながら，他方で地域主義が進展するという事態が特徴的となっている。日本は世界貿易体制の変動のなかで最も中途半端な選択を強いられており，それが東アジア経済圏・東アジア共同体の建設構想につながったのである。日本の世界貿易体制・WTO 体制への積極的参加を促したものは，1980年代の貿易摩擦の激化であり，日本企業による海外進出拡大の結果である。今日の日本経済は長期不況にありながら東アジアとの貿易・投資が拡大する方向にある。中国を含む東アジアはいまや日本の最大の市場であり，日本の不況を悪化させない要因も東アジアへの輸出拡大にある。したがって遅ればせながら日本も地域経済圏の建設をはからねばアジア地域からも見放される事態が生じようとしている。そこで21世紀の日本経済は，自由貿易と地域主義という二つの相反した貿易システムの中で活路を見出していかなければならないのである。

　東アジア諸国・地域は，アメリカ，EU，日本の市場，資金，技術に依存しなければならない経済システムが形成されつつある。反面，東アジア地域の共同体・国際分業形成は，アジアの自立化という目標もある。先進資本主義国の経済状況は，東アジア経済の発展を支えている。東アジアの先進資本主義諸国に依存する経済システムの形成は，国内政治体制を含めて資本不足，技術依存，失業者の増大などの不安定要素を数多く抱えるということになる。また急速な経済成長を維持している中国は，国際経済関係に依存する構造から内需依存への構造に転換できなければ，東アジア経済の中心国として位置することは困難である。今日「世界の工場」として位置づけられようとしている東アジアであるが，実態は独自の経済システ

ムを構築できない対外関係依存型の経済なのである。こうしたなかで日本を主体とした東アジア経済圏の建設は，必ずしも東アジア諸国・地域の経済発展を促すものではなく，むしろ日本経済・企業の多国籍企業化の推進および生き残り戦略である。

9-2　東アジア共同体への対応

　2005年12月，マレーシアで ASEAN 首脳会議が開催された。ASEAN は2020年にこれまでの関税同盟から進んで FTA を締結し，自由貿易地域あるいは経済共同体への道に進むことを宣言した。この ASEAN 首脳会議は，中国，韓国，日本の極東アジア諸国がまねかれただけでなく，インド，オーストラリア，ニュージーランドの首脳もまねかれた。いわば ASEAN は，東南アジア経済統合から極東アジア，オセアニア地域までも含めた領域にまで拡大していく方向性が明示されたのである。もちろんインドの参加に対しては ASEAN 内部でも反対論があり，オセアニア地域の参加にも消極論があった。この ASEAN 首脳会議の直前には APEC 会議が韓国・済州島で開催された。APEC 会議には当然アメリカも参加しているし，ロシア，カナダ，南米のチリも参加している。APEC は単なる調整会議であり，統一した指針あるいは協定が締結されるわけではない。しかしアメリカの参加は，アジア諸国・地域が統一した政治的・経済的行動をとることを事実上規制していることを意味している。いわばアメリカは，アジア諸国への干渉を合法的・合理的に推進するために APEC を利用しているのである。ASEAN 会議は，APEC での「お祭り」儀式的な集まりと異なって，経済統合の推進を掲げたことに大きな意義をもっている。ASEAN 会議は APEC を利用しながらも相対的に独自な政治・経済協力を推進しようとしている。ASEAN 独自の方針が確定することは，アメリカの影響力を

相対的に小さくすることを意味する。さらに ASEAN 諸国は，中国，日本の資本・技術などの経済力を利用しながら，同時に中国，日本の影響力を弱めようとする戦略をとっている。

これまで日本を含め東アジア諸国・地域は，FTA あるいは経済統合の推進が行われなかった。その原因は，次にある。

第1に，東アジアにおける経済統合の推進は，ASEAN 諸国などが日本に資本・技術あるいは市場を過度に依存することになる危険性である。

第2に，アメリカの東アジア戦略は，日本との政治的・経済的同盟関係を強化することを通じてアジアの実行支配を貫く内容になっている。したがって日本を中心とした経済統合は，アメリカの影響力が小さくなることを意味する。それはアメリカの対アジア戦略そのものの見直しを必要とすることになる。

第3に，日本は GATT および WTO のルールを遵守する対外政策を重視してきた。経済統合が進展すれば日本の対外政策の基本構造を転換しなければならない事態となる。それは市場開放政策の追求から，地域主義への転換であり，対アメリカ政策の転換となる。

第4に，これまでの日本は，東アジアよりもアメリカ，ヨーロッパへの市場を重視する政策を追求してきた。日本のいわゆる「輸出主導型」経済構造は，アメリカ，ヨーロッパの消費に支えられてきたのであった。アジア市場拡大はなによりも ASEAN 諸国の生産力発展であり，韓国の復活であり，中国の急速な経済発展である。

第5に，1997年のアジア通貨危機は，ASEAN，韓国経済の脆弱性を露呈した。通貨危機による ASEAN 諸国および韓国の経済的混乱は，アジアが貿易・金融あるいは市場の側面からも十分に発達していないことを示したのであった。いわば日本の対アジア政策の基本は，アジアがヨーロッパ，アメリカと異なって「未成熟」な市場であるがために経済統合の推進よりも，個別国民経済の生産力発

展が必要であるとの認識があった。むしろアジアは各国民経済がそれぞれに個別的に発展することのほうが日本の市場として有利に働くということであった。アジアが統一的な対外政策を行うことは，日本企業にとって貿易あるいは直接投資の側面で必ずしも有利になることを意味していない。これまでの日本企業は，個別国民経済の産業政策あるいは対外政策の相違を利用して，直接投資を行い，国際分業システムを拡大してきたからである。

　第6に，ASEAN 4 は韓国，台湾などのアジア NIES に比べて生産力発展が相対的に進んでいなかった。インドネシア，フィリピン，タイはいずれも人口は多いのであるが，いわゆる資本主義的市場規模は小さかったのである。またインドネシアは，多民族国家であり，チモール，アチュなどで民族紛争が生じ，政治的・社会的に不安定な状況が続いていた。フィリピンもインドネシア同様に多民族国家であり，民族・宗教間紛争が長期間継続し，政権それ自体も不安定な状況であった。タイは軍事政権が支配しており，政治的な安定が課題であった。こうした ASEAN 諸国の状況から経済協力・経済統合の推進などははるか遠い政策課題なのであった。

　第7に，アジアは共通の文化（宗教を含む），言語，「価値観」が存在しない。中国，韓国，日本は「儒教的」文化が存在するといわれているが，ASEAN はまったく別の「価値観」であり，宗教を土台とした経済統合などありえない。ASEAN の宗教は，イスラム教，仏教，キリスト教など様々である。まして中国，韓国，日本とは異質な文化圏である。強いて共通のものを探せば多くの国でコメを主食としていること以外に見いだせない。しかしコメ消費文化が共通の土台になることはない。EU はかつて「神聖ローマ帝国」の支配下で共通のものがあり，ラテン語という共通の言語もあった。さらに EU にはヨーロッパ大陸という共通の生活・社会基盤が存在した。東アジアは，中国を中心とした大陸が存在するが，日本，インドネ

シア，フィリピンは島嶼国である。したがって東アジアは共通の文化，生活，社会が存在しない，個別の文化の寄りあった地域であり，共通の「価値観」を見出すことが困難である。

第8に，中国は最近 ASEAN 諸国との FTA 協定締結を推進している。しかし ASEAN 諸国は，中国の経済的・政治的干渉に対して警戒感をもっている。インドネシア，マレーシア，フィリピン，タイはいずれも一部の「華僑」が経済的に大きな役割を果たしている。マレーシアは「ブミプトラ政策」によって「華僑」の実質的な支配を排除する政策も行われている。またインドネシアは1997年の政権交代時に一部「華僑」が資本逃避を行った。インドネシアの新政権は「華僑」の利権を制限する措置をとることによって経済的実権をインドネシア人に取り戻そうとしたのである。ベトナムはかつて中国の従属国としての地位も経験している。ASEAN 諸国にとって東アジア共同体の形成は，中国の「覇権」支配につながるとの危惧が大きかったのである。かつて東アジアは「華僑」を中心とした交易圏が形成されていた。東アジア経済統合は再び「華僑」経済圏の復活という事態も予想される。しかし ASEAN 諸国は，これまで中国の実質的な支配を排除する道を選択してきたのであった。

アジアは経済統合あるいは地域主義の浸透が最も生じにくい地域であった。そのアジアにおいて ASEAN を中心とした経済統合が推進されようとしている。アジア経済統合に消極的であった日本が2000年になって，東アジア統合の推進を提起した。日本はシンガポールとの FTA 締結をはじめとして韓国，タイとの FTA 締結交渉，さらには ASEAN との FTA 締結交渉が行われている。WTO ルールの徹底とアメリカとの共同体制という日本の対外関係が，アジア経済統合という地域主義政策になにゆえ変更したのであろうか。地域経済統合は，WTO が加盟国に貿易，投資などのルールを事実上徹底することができないシステムになるのか，あるいは WTO ルー

ルは尊重しながら同時に安定市場を確保するための統合化への転換なのか，どちらかの道を選択することになる。

　ASEAN を中心とした経済統合が急速に進展しているのは，日本の方針転換による影響も大きいが，中国の目覚ましい経済発展が背景にある。また ASEAN 内部での国際分業関係の拡大は，安定した市場領域の確保の必要性も生まれている。さらに東アジアは1997年のアジア通貨危機を通じて，アメリカからの自立化，ドル流通領域からの離脱という課題が浮上したからでもある。

　近年，日本を含め東アジア諸国・地域が経済統合・地域経済協力の必要性を強調するようになったのは，以下の要因によっている。

　第1に，東アジア諸国・地域の国際分業の進展である。東アジアは1997年のアジア通貨危機を克服し，急速な生産力の発展が進行している。東アジアの生産力発展は，東アジア間の貿易・国際分業の深化である。東アジアとりわけ ASEAN 諸国は日本，アメリカ，ヨーロッパの直接投資の受け入れによって生産力発展が促された。

　第2に，東アジアの域内貿易が拡大していることである。東アジア域内の貿易は，貿易総額の50％近くになっている。東アジア貿易は IT 関連製品の比重が高いことが特徴的である。それだけアジアは，先進資本主義諸国の生産基地としての性格が強いことを意味している。

　第3に，東アジアの域内投資が拡大していることである。ASEAN 諸国には日本，韓国，台湾，香港さらには最近では中国企業の直接投資が行われている。中国に対しては，台湾，香港，日本などの企業の直接投資が一定の比重を占めている。

　第4に，WTO は貿易自由化交渉を継続しているが，依然として合意に至っていない。先進資本主義国と発展途上国の対立，農業国と工業国の対立，LDC と工業化進展国の対立だけでなく，反グローバリズム・反自由化などを掲げる農民グループ，NGO などの

運動が興隆している。したがってWTOは，本来の貿易・投資の自由化推進という目的を達成することができない国際機関として位置づけられている。アメリカはすでにWTOシステムの追求だけでなく，FTAAに象徴されるように地域主義政策への転換が明らかになっている。

　第5に，これまでの東アジアは，アメリカの経済動向に左右される経済構造が形成されてきた。アメリカへの経済依存は資本，技術だけでなくアメリカ市場依存も大きかった。ASEAN，中国，韓国，台湾の消費財・完成品はアメリカ市場向けに生産されてきたのであった。もちろんASEAN，中国製品の一部は，日本企業による海外生産品の輸出でもあった。アメリカへの市場依存は，アメリカが景気後退に陥った場合に被る経済的影響が異常なまでに大きい。こうした状況から脱出するためには，東アジアでの国際分業・貿易の拡大によって相互市場依存システムを構築することが必要になってきている。

　第6に，日本はかつてアジアでの拠点づくりを目指した政策を展開してきた。1970年代のアジアでの「ひとづくり」政策にもとづく援助の拡大，アジア開発銀行の設立などである。いわば日本は東アジア経済協力が進展する基礎を形成してきた。アジア経済協力は，日本を中心として進展した経緯があり，再び日本の主導権を発揮する状況となった。

　第7に，南アメリカでMERCOSUR経済協力，アジアでは南アジア経済協力など発展途上地域の経済協力が進展している。さらにEUはルーマニア，ブルガリアの加盟が行われ，27ヵ国の巨大市場が誕生した。東アジアではASEAN以外に，経済協力体制をもっていない中国，韓国などが統合市場から取り残される危険性をもっている。

　第8に，アメリカ・ドルの国際通貨システムが弱体していること

である。東アジアはアメリカ・ドルのみを国際通貨として流通するシステムを形成してきた。しかしドルの弱体化は，東アジア地域として安定した国際通貨システムの構築を必要としている。東アジア共通通貨「ACU」は，ドル流通圏，EU 圏とは異なる国際通貨となる可能性をもっている。

　第9に，21世紀になってアジアでの FTA 締結・交渉が急速に進んでいることである。とくに中国の ASEAN 諸国への FTA 締結交渉は，東アジア経済統合が中国主体で進展する可能性がある。したがって ASEAN あるいは日本は，中国主導から実権を取り戻す必要性が生じているのであり，そのためには経済協力の具体化をはからなければならない。

　東アジア経済統合は，EU，MERCOSUR，NAFTA とは異なる経済協力システムである。日本のように強大な生産力を有している国もあれば，ラオス，カンボジア，ミャンマー，フィリピンのように生産力水準の絶対的に低い国も存在する。さらに中国，ベトナムは「社会主義」建設を最終的な目標とする国である。したがって東アジア経済統合は，これまでヨーロッパ，南北アメリカで進展した経済協力・経済統合とは異なった性格・内容をもたざるをえない。たとえばインドシナ3国などは，輸入すべき商品は多いが，輸出可能な商品は限定される。農業品はどの国も零細規模での生産であり，一定の国家援助を受けている。農業分野がいきなり競争にさらされれば，大量の農業離脱者を生むことになる。また工業製品においても中国の安価な製品が自由に市場に出回ることになれば，ASEAN 諸国の類似品は生産を維持することもできなくなる。東アジア経済統合に参加する国・地域は，統合による利益すなわち貿易の拡大，直接投資の受け入れ，税収の増大，所得の向上，インフラの整備などが高まる国と，生産力拡大よりも外国製品が大量に流入するために国内生産・市場が打撃を被る国と二極化する可能性がある。

日本のように生産力水準が飛び抜けて高い国は，東アジア向け直接投資が増大すること，安定した輸出市場が形成されること，安価な消費財・部品などが輸入されることによる生産コストの削減・消費の拡大，あるいはインフレーションの抑制などの効果をもつ。また日本企業は東アジア市場を中心に展開することになれば，技術的な発展が相対的に停滞することになる。なぜならば東アジアでは日本の技術が最先端であり，これまでヨーロッパ，アメリカ市場への進出あるいは国際競争のもとで技術進歩が急速に行われてきたのであった。東アジア経済統合は，貿易，資本移動・直接投資の自由化だけでなく，人・労働力の移動の自由化も行われることになる。現在日本はフィリピン，タイなどと労働力移動の拡大を行う方向にある。たとえば看護師などを含む介護労働をインドネシア，フィリピン，タイ，ベトナム，中国などから調達しようとしている。日本は高齢者が増大傾向にあるなかで，人口の絶対的な減少がはじまっている。日本は高齢者を含むサービス労働者の絶対的不足を東アジア諸国の労働者に依存することによって危機を乗り切る政策を提起している。日本の東アジア経済統合推進は，単なる市場問題だけを解決する目的だけではないことになる。

9-3　東アジア経済共同体の可能性

　WTOへの加盟・拡大にともなう世界貿易システムの進展は，日本を含めた東アジア諸国・地域（ASEAN 10ヵ国，中国，韓国，台湾，香港）の産業構造の転換，国際分業関係の再編を促した。WTOシステムはアジアにおけるFTAの進展，東アジア経済統合構想などを推進する契機となった。とりわけ東アジアの中国，韓国，日本は，共通通貨システムの構築，FTAの推進など事実上の経済統合を目指す方向を打ちだしている。FTA締結を通して東アジア経済協力

の推進,さらには経済統合への道を歩もうとしているのである。日本の東アジア経済共同体構想は,ASEAN 10ヵ国と中国,韓国の地域連携を目標としたものである。東アジア経済共同体への過程として日本は,シンガポール,マレーシア,タイなどとの FTA 交渉を進展させている。日本と ASEAN は2008年に EPA の発効をめざしている。EPA は 5 年から15年(ベトナム)を費やして関税をゼロにする計画である。日本と ASEAN との EPA は,より一層東アジア地域内の貿易の拡大に寄与することになる。

中国も ASEAN との FTA を10年以内に締結すべき交渉を開始している。ASEAN 諸国はインド,オセアニア地域をも含む広域な地域経済協力の方向性を明らかにしている。ASEAN 諸国がインドを東アジアの経済協力機関に取り入れることは,東アジア地域の主導権を日本あるいは中国に握らせないという戦略である。すでにインドはパキスタン,スリランカ,モルディブ,ネパール,バングラデシュと SAFTA(南アジア自由貿易圏)を形成,2006年に関税引き下げを実施し,ASEAN との FTA 交渉も進展している。さらに中国は ASEAN 諸国との FTA 交渉においても ASEAN 主導によって締結することを提起している。またオーストラリア,ニュージーランドのオセアニア地域の加盟は,これらの地域がアメリカから相対的に自立化し,アジアの一国としての地位を築くことを目指している。日本,中国などの戦略に対して ASEAN 諸国は,大国による地域支配を抑制し,いわゆる経済大国による主導権争いを回避するための広域経済圏を提起している。

東アジアは最も経済協力・経済統合が進展しない地域であった。東アジアは,EU あるいはアメリカからの干渉を避けるためには独自の経済協力機関が必要である。東アジアは,EU あるいは南北アメリカと異なって政治,経済構造,宗教,文化,歴史など共通するものを見出すことができない。さらに東アジアの経済協力は,日本,

中国の2ヵ国がそれぞれ主導権を握ることを目指している。こうした環境のもとで経済協力あるいは経済統合を達成することは容易でない。しかしEU統合，NAFTA関税同盟の強化傾向は，東アジアでも経済共同体を形成しなければ対抗できないばかりか，EU，アメリカによる保護主義化を阻止できないのである。日本，中国の主導権争いが続いていれば，東アジアはEU，アメリカに対抗できないばかりか，むしろアメリカへの依存関係を深めることにつながる。すなわち東アジアは，協調関係よりも対立の図式になれば，アメリカへの商品輸出，アメリカ資本による直接投資への期待がますます増大することになる。アメリカ依存はアジアの人々が望んでいるのではない。したがって東アジア共同体形成は，アメリカ覇権への対抗という意義をもっており，アジア諸国の政治的・経済的安定を確立することにつながるのである。

　アメリカを中心としたグローバル化あるいはWTOシステムの進展は，発展途上諸国にとって必ずしも自立化への道となるのではない。むしろ発展途上諸国の自立化への道ではなく，先進国とりわけアメリカへの依存関係を深める道となる危険性がある。日本はアメリカとの政治・経済・軍事依存関係を深めるために東アジア経済協力を推進しようとしている。すなわち日本はASEANあるいは中国の政治・経済協力が進展すれば，日本のアジアでの地位が相対的に小さくなる。そこで東アジア経済統合は日本が主導権を握って成立すれば，アメリカとの摩擦・対抗関係は生じることがなく，アジアの「安定」につながるし，中国の台頭を抑えることができるという戦略である。

　東アジア経済協力・経済統合は21世紀の遅くない時期に形成する方向性であることがASEAN首脳会議で確約された。しかし東アジア経済協力・経済統合は，日本の主導権のもとで形成されることに対しては賛同できない。日本はかつて東・東南アジアの領土化，

植民地化をはかるための侵略の歴史があったからである。アジア地域における日本の主導権の復活は，新たな覇権システムの構築を目指す「帝国主義」への道に進む危険性もあり，またアメリカと共同してアジアの市場支配を確立する目的をもっているからでる。したがって東アジア共同体は，参加する国・地域の完全な対等・平等・互恵・平和・相互協力のもとで行われることが必要なのであり，どの国も主導権の獲得を目指してはならない。また参加を希望する国・地域に対して差別的な政策をとってはならないことも重要である。

東アジアでの経済協力・経済統合の進展は，なによりもアジアの遅れた国・地域の経済発展の契機となる可能性をもっている。とくにインドネシア，フィリピン，ラオス，ベトナム，カンボジアなどの経済発展の可能性は，日本の企業だけでなく，韓国，台湾などの企業進出を促し，国民所得の向上がはかられよう。さらにミャンマーは，経済発展の過程で軍事政権から民生政権に移行することも期待できるのである。東アジアは第二次世界大戦後多くの国・地域で軍事政権が支配していた。それは韓国，フィリピン，インドネシア，タイなどである。これらの国は経済発展の過程のなかで民生政権に移行していった。資本主義経済発展は，なによりも「自由」な企業活動，労働力移動を求められるからである。アジアにおける民生政権の誕生は，資本主義が一国の隅々にまで浸透していることを示しているのである。今日の世界では経済発展の過程のなかで資本主義生産システムを取り入れることが，必然的になっている。なぜならば旧ソ連・東欧諸国での「社会主義」システムの失敗は，資本主義システムの優位性を確立しているからである。

東アジア経済協力・経済統合の進展がすれば，東アジアは，北朝鮮との対話あるいは経済交流を行う必要がある。東アジアは北朝鮮の孤立化政策を選択すれば，アメリカのアジア戦略に基本的に荷担することにつながる。今日のアメリカの極東・東南アジア軍事戦略

は，中国および北朝鮮を「仮想敵国」としてアメリカ軍の再編をはかろうとしている。日本での沖縄基地の再編あるいは岩国基地をはじめとしたアメリカ軍基地再編強化などは，いずれもアメリカの軍事費を削減しながら，日本の極東に対する軍事力分担を大きくすることである。アメリカはアジアの軍事基地を再編し，合理化することによって実質的な支配を維持することにねらいがある。さらにアラブ・中東地域および中央アジア地域の石油利権を確保するために軍事基地の設置を拡大している。同時にアメリカは中国の軍事力拡大を阻止し，影響力を小さくするためには，東アジアの協力体制を構築することが望ましいのである。

　アメリカの戦略が進行するなかで，台湾を含む東アジアの「安定」は，アメリカのアジア支配を弱めることにつながる。さらに東アジア経済協力・経済統合は，中国と台湾の関係，中国とベトナムの関係などの緊張関係が緩和することになる。また北朝鮮がアジア共同体に参加すれば，アメリカや日本の軍事力拡大の口実を少なくすることになる。東アジア経済協力・経済統合は，アジアの「平和」をもたらす契機となる可能性が大きいのである。アジアは経済協力が推進したならば，次に人口問題に取り組む必要性がある。インド，中国の人口は世界人口の40％を越えている。またインドネシアの人口増大が著しいし，フィリピンもやがて人口は1億人に達しようとしている。世界の人口問題はアジアに集中しているともいえる。東アジアは人口増大が急速に進んでいるが，他方で日本，韓国は出生率が極端に低下し，やがて人口減となることが予想されている。アジアは人口問題が最も複雑にあらわれ同時に緊急に解決しなければならない課題となっている。東アジア共同体は，人口問題を解決していく政策を提起することが，安定的な経済・政治システム構築のためにも重要な課題なのである。

岩田勝雄（いわたかつお）

　立命館大学経済学部教授
　主要著書
　『増補・国際経済の基礎理論』法律文化社，1994年
　『反成長政策への転換』新評論，1998年
　『現代国際経済の構造――覇権への挑戦――』新評論，2002年
　『現代国際経済分析論』晃洋書房，2006年
　『21世紀の国際経済』（編著）新評論，1997年
　『グローバル時代の貿易と投資』（共編著）桜井書店，2003年
　『全球化与中国的経済政策』（共編著）中国人民大学出版社，2006年

現代世界経済と日本
2008年9月10日　初　版

著　者　岩田勝雄
装幀者　加藤昌子
発行者　桜井　香
発行所　株式会社 桜井書店
　　　　東京都文京区本郷1丁目5-17　三洋ビル16
　　　　〒113-0033
　　　　電話　(03)5803-7353
　　　　Fax　(03)5803-7356
　　　　http://www.sakurai-shoten.com/
印刷所　株式会社 ミツワ
製本所　誠製本 株式会社

Ⓒ 2008 Katsuo Iwata

定価はカバー等に表示してあります。
本書の無断複写(コピー)は著作権法上
での例外を除き，禁じられています。
落丁本・乱丁本はお取り替えします。

ISBN978-4-921190-52-1　Printed in Japan

森岡孝二編
格差社会の構造
グローバル資本主義の断層
〈格差社会〉と〈グローバル化〉をキーワードに現代経済を読み解く
四六判・定価2700円+税

菊本義治ほか著
日本経済がわかる 経済学

新しいスタイルの経済学入門テキスト
A 5 判・定価2800円+税

伊原亮司著
トヨタの労働現場
ダイナミズムとコンテクスト
気鋭の社会学研究者が体当たりで参与観察・分析
四六判・定価2800円+税

J・ローゼンバーグ著/渡辺雅男・渡辺景子訳
市民社会の帝国
近代世界システムの解明
資本主義の意義を追究して近代世界システムを読み替える
A 5 判・定価4300円+税

ベンノ・テシィケ著/君塚直隆訳
近代国家体系の形成
ウェストファリアの神話
国家の形成と発展を追究して新たな近代世界史像を提示
A 5 判・定価5200円+税

桜井書店
http://www.sakurai-shoten.com/